Lifestyling

ライフスタイリング

理想の未来を迎えにいく魔法

菱田 紗絵子

はじめに

あなたが世界で一番あなたを好きになるための本

数多くの中から本書を手に取っていただきありがとうございます。
これも何かのご縁です。少しでもいいので読み進めていただければと思います。

いきなりですが、**あなたのこれからの人生を決める大切な質問**があります。

「今、世界で一番好きな人を、たった1人だけ選ぶとしたら誰ですか？」

あなたの頭に、すぐ浮かんだのは誰でしょうか？

「彼です！」
「子どもです！」

「推しのアイドルです！」

即答できる方は、とても素敵。スペシャルな存在がいるって、幸せなことですよね。
でも、きっとほとんどの人は、こう思ったはず。

「たった1人と言われると、なかなか難しいな……」

「家族」という小さな単位で考えてみても、複数人で暮らしている方が大多数ですよね。友人、恋人、パートナー、数えてみれば「好きな人」は周りにたくさんいます。さらに、SNSなどインターネット上でのコミュニケーションが当たり前になった今、人とのつながりは自分次第でいくらでも広げられます。

「好きな人」と言われて思い浮かぶ人たちに、正直優劣なんてつけられない。

たった1人を選ぶなんて、難しい。

この本は、そんな優しいあなたのために書きました。

まず、あなたにどうしても伝えたいことがあります。
それは……「**あなたは世界で一番あなたを好きになっていい**」ということ。
そして、この本は「**あなたが世界で一番あなたを好きになるための本**」です。

誰かと比べてしまう病から抜け出すには

こんにちは。ライフスタイリング・プロデューサーの菱田紗絵子と申します。
わたしは「**もっと、世界をやさしく**」をコンセプトに、女性が夢中をひらくきっかけを、日々発信しています。岡山県という地方在住ですが、現在わたしが主宰する「手帳のＧＡＫＫＯ」コミュニティには、全国各地、そして世界各国にもメンバーさんがいて総勢１５００人規模になっています。

これまでに勉強会や講演会などを通して３０００名を超える女性の夢中をひらくためのお手伝いをする中で、驚いたことがあります。それは、他人と比較しては落ち込んでしまう、

「自信のない女性」がとても多い！　ということでした。

もしかしたら「それもそのはず……」なのかもしれません。

なぜなら、一億総発信者時代なんて言われる今、ＳＮＳに溢れるポジティブでキラキラした発信を目にすることも多く、誰かと比べてしまうのが日常的になっているからです。


「こんな素敵なところに行きました♪」

「こんな楽しいことがありました！」

「最高の仲間に恵まれて幸せ♡」


これらの投稿をついつい眺めていると、「いいなぁ」「羨ましいなぁ」そんな気持ちが湧き上がってきてしまうこと、ありますよね。

もちろん、比べること自体が悪いわけではありません。でも比べて落ち込むだけなら、その時間はもったいない！　わたしはそう考えています。わたしたちの人生にはそんなことよりもずっと大切なことがあるから。

あなたは今の自分がどのくらい好きですか？

「世界で一番大好きです！」と自信満々に即答できる人はほとんどいないでしょう。

程度の差こそあれ、多くの人が自分に対しては、厳しいまなざしをむけています。

それも当然、自分とは24時間いつも一緒ですからね。


「3日坊主になりがち」

「すぐ調子に乗ってしまう」

「後回しにする癖がある」


そんなかっこ悪い自分を誰よりもたくさん見ています。

けれど、心の本音を聴いてみてください。

もしも「自分のことを世界で一番好き」だと思える人生が実現したならば、それは、今のあなたにとって、とても幸せな人生ではないでしょうか？

「自分のことが大嫌いな人生」と「自分のことが大好きな人生」のどちらかを選べるとしたら、迷わず後者を選びたいと思いませんか？

わたしは、「**自分のことを世界で一番好き♡**」でいよう。そう決めて、これまで生きてきました。しかも、それを今では堂々と公言して生きています。

「そんなことよく言えるなと思って、最初びっくりした」と言われたり「そう決めたきっかけは何ですか？」と聞かれたりすることもあります。

実はそのきっかけは、わたしの母にありました。

起業後、「自分の強み」「わたしらしさ」を知りたくて、「菱田紗絵子らしさってなんだと思いますか？」とSNSに投稿したときのこと。友人知人が様々なフィードバックをくれるなか、なんと母がコメントをくれました。

「紗絵子らしさについて一言。貴方は『誰が一番好きと聞かれたら、どうしてママとか、他の人の名前が出てくるんだろう？　わたしは自分！』と、幼いころから言っていました。母としては、それが一番の貴方らしさだと感じています」

……さすが母だと思いました。

誰よりも愛情深いまなざしで見つめてくれていた母が見てきた幼いわたし。

そして気が付いたのです。あのころと同じ疑問を、今も持っていることに。

「なぜ、自分のことを好きじゃないという人がこんなにたくさんいるのだろう？」

だから、他人の目を気にすることなく堂々と公言することにしました。

冒頭の質問、「今、世界で一番好きな人を、たった1人だけ選ぶとしたら誰ですか？」

この答えは、迷わず「わたし♡」です。

自分を好きになるための魔法「ライフスタイリング」とは

考えてみてください。

わたしたちはみんな、たった1人で生まれて、たった1人で死んでいきます。人生にはたくさんの出逢いと別れがありますが、その中でも一生一緒にいるのは、自分だけ。

だから、どんなわたしだって、大好きなままで生きていきたい。

この本は「あなたが世界で一番あなたを好きになるための本」です。
そして、それを可能にするのが、わたしがお伝えしている「ライフスタイリング」。

詳しくは本書で解説していきますが、ライフスタイリングとは何か簡単にお伝えすると、「**本当の自分に最高に似合う生き方を選び取ること**」ができるようになるメソッドです。誰にでもできる簡単なステップで「**自分にとって大切なモノ**」が明確になり、選択できるようになります。

そして、これまで「他人にどう思われるだろう」「こんなことをしてもいいのかな」と無意識にかけていた思考のブレーキが外れ、自分自身が本当に望む人生を描き、行動できるようになります。その結果、軽やかに未来を迎えにいける自分のことが誇らしく、愛おしく感じられるようになるのです。

この本では、あなたが世界で一番あなたを好きになるための方法を誰もが実践できるように順を追ってお伝えしていきます。

第1章では、ライフスタイリングが目指す「**やさしい世界**」について解説しています。また、自分自身にやさしいまなざしを向けるための「3つの基本ルール」をお伝えします。

第2章では、人生を構成する3つの要素についてお伝えします。壮大なテーマのように思える「人生」ですが、視点を変えれば実はとてもシンプルに考えることができることに気付くはずです。

第3章では、「空間のスタイリング」方法を具体的にご紹介します。現代人の多くが悩む「モノが多すぎて片付かない」というお悩みを、シンプルなメソッドで解決していきます。

第4章では、「時間のスタイリング」について解説します。「時間がない！」というお悩みはこれで解決、理想の未来を迎えにいくための考え方をお渡しします。

第5章では、「人間関係のスタイリング」を身に着けます。大切な人との絆の深め方、新しい出逢いを運命に変える方法をお伝えします。

第6章では、ライフスタイリングを続けるうちにたどり着ける「自分の人生に夢中になる世界」について解説するとともに、実際に夢を叶えるための法則や行動基準をご紹介します。

ライフスタイリングは誰でも簡単に実践できる

ただ、もしかしたら「小さいころから自分を好きになれなくて、自分に自信が持てなくて、何をやっても変われなかった私には無理です」ともしかしたらあなたは思っているかもしれません。でも、大丈夫です。

自分を好きになれない人でも、劇的に好転していくのが「ライフスタイリング」です。実際にわたしがこの本に書かれているライフスタイリングをお伝えして、成果を出した方々が続出していますので、その一部をご紹介します。

「元々、自分に自信がありませんでした。だから『フォトスタジオを併設した美容院をオープンして、同じようなママ美容師を応援したい！』という夢を、誰にも打ち明けることができずにいました。でも、紗絵子さんに出逢い、おそるおそる初めてその気持ちを打ち明けたことをきっかけに、２年後実際に自分の美容院をオープンすることができました。オープン前に挑戦したクラウドファンディングではコミュニティの仲間からたくさんの支援をいただいたこと、本当に感謝しています。ひとりぼっちで描いていた夢がこんなに早く叶うなんて、毎日自分のお店に立ちながら夢の中にいるようです」

（30代　美容師）

「子育てに追われる日々の中、ついつい自分のことを後回しにする癖がついていました。気になる講座があっても一歩踏み出すことができず、何度も紗絵子さんに相談させてもらいました。話しているうちに自分の本当の気持ちに気付き、思い切って講座を受講。今では認定講師の資格を取得し、自分で講座を開講するまでになりました。今でも新しいことにチャレンジするたびにドキドキします。でも、それができるようになった自分のことをどんどん好きになっています」

（30代　講師）

「独身のまま30代半ばになったとき、正直焦る気持ちがありました。仕事もプライベートも中途半端、そんな自分を変えたいと思っていたころ、紗絵子さんと出逢いました。未来がみえず不安だった私が、今では結婚して一児の母親として子育てに奮闘しています。やりたいことを応援してくれるパートナーにも恵まれ、**ママになっても自分の人生をあきらめなくていい**、と思えることが本当に幸せです」

（40代　主婦）

「紗絵子さんはキラキラしていて、正直コミュニティに入るのもとても緊張しました。でも、入ってみるとやさしい人がとても多く、どんどん自分らしくいられる心地よさを感じられるようになりました。当時勤めていた会社を今では退職し、自宅でパン教室をひらいたり、お味噌づくり講座を開講したり、自分が大切にしている食の世界を探究する喜びを感じています。以前は人の目を気にして動けないこともありましたが、今は**自分の気持ちを大切にして、本音を伝えても大丈夫**だと思えるようになりました」

（40代　複業家）

どうですか？　あなたも早くライフスタイリングを実践したいと思ってきたはずです。

夢を叶える人とそうでない人の決定的な違い

今、女性の生き方はこれまでになく多様化しています。
結婚してもいい、しなくてもいい。
子どもを産んでもいい、産まなくてもいい。
起業してもいい、働かなくてもいい。

選択肢がありすぎて、わたしは何がしたいのだろう？
いったいどうしたらいいかわからない。

そんなたくさんの女性とお話ししてきました。

「一生懸命仕事をしてきて、気が付いたら30代半ばでした」
「いつか自分で何かしたいけど、それが何かわからないです」
「友達の幸せを素直に喜べない自分が嫌です」

先程紹介した彼女たちも最初はそう話してくれました。それでもみんな、心をひらくとちゃんと「夢」がありました。わたしは、ずっと彼女たちの「夢」を聴いてきました。多くの女性たちと対話を重ねる中で、考えていました。夢を描いて次々実現していく人と、夢を描いてもなかなか叶わない人の違いはどこにあるのだろう？

そしてわたしが辿り着いた、1つの結論。夢を叶えるために最も重要なのは、元々持っている才能でも、容姿の美しさでも、要領の良さでもありません。**夢を叶える決め手は「セルフイメージ」**です。自分で自分をどんな人だと思っているか、それが一番大事。

セルフイメージが、わたしたちの人生の判断基準となっています。夢を描いた後、「わたしは夢を叶えられる」そう思えるかどうかが、その後の行動を左右します。

誰しもが、様々な「わたしはこんな人」というイメージを持っていますよね。けれど、どんな人であっても**最重要なのは「自分を好き」だと思えること**。

「自分を好きだ」と心の底から思っていれば、大好きな自分が描いた夢を実現すべく行動できるから。

自分にとって大切なことを大切にする生き方へ

夢を叶えるために一番大切なのは**「夢を叶えていいんだよ」と自分に許可を出す**ことです。それは自分と両想いでなければ始まりません。

わたしは、ずっと女性の「夢」を聴いてきました。

そして、描いた未来を迎えにいく姿を近くで見てきました。でも、わたしが彼女たちに、何かをしてあげたわけではありません。わたしはただ、きっかけを渡しただけ。そのきっかけは自分の人生に「夢中」になる、きっかけです。

だからこそ、コミュニティメンバーさんやクライアントさんから言われて、わたしが一番嬉しい言葉があります。それは「紗絵子さんに出会って、自分のことが好きになりました♡」という言葉です。わたしは、そんな人をもっと増やしていきたい。

自分のことを好きになれたなら、もっと自分に優しくなれるから。
そして自分に優しくできる人は、まわりの人にも優しくなれるから。
そんな世界が広がれば、どんなに素敵だろう。

きれいごとに聞こえるかもしれないけれど、そうやって本気で想っていて、そして少しずつコミュニティの中で、「やさしい世界」を広げてきました。

そしてその世界を、あなたにも味わってほしいのです♡

2021年、これまでわたしが実践し、お伝えしてきたことを「ライフスタイリングレッスン」としてまとめました。現在は全国各地の認定コーチたちと一緒に、この世界を広げています。本書には、このレッスンのエッセンスを詰め込みました。

ライフスタイリングレッスンは、**自分に最高に似合う生き方を選び取る**レッスン。そのために、**自分にとって大切なことを大切にする「生き方のおけいこ」**です。

そして、続けるほどにどんどん自分のことが好きになる♡　そんなレッスン。

今、自信がなくても、「夢」がなくても大丈夫。自分の中にあるものに気付くだけで、もっとあなたらしく、自分の人生に夢中になれます。しかもスルスルと、簡単に♡

この人生は、一度きり。自分のことを「世界で一番好き♡」だと言えるやさしい世界の扉を今、一緒に開きましょう！

ライフスタイリング　理想の未来を迎えにいく魔法【目次】

第2章

第3章 暮らしを整える「空間のスタイリング」

第4章 理想の毎日を手に入れる「時間のスタイリング」……125

第5章

人生の幸福度を高める「人間関係のスタイリング」

第1章

理想の未来を迎えにいく魔法

Lifestyling

最初の一歩を踏み出す前に知っておくべき真実

「うーん……。それ、うまくいかないと思う」

そう言われたのは、独立したばかりのころ。
当時わたしは、会社員時代に夢中になった「コミュニティ」をもう一度立ち上げよう！
そう決めて、少しずつ周りの方に相談を始めていました。

ここで、そもそもなぜコミュニティをつくったのか、そして夢中になった理由を少しだけさかのぼってお話させてください。

2009年、地方百貨店の販売促進部にいたわたしは、Twitter（現X）やFacebookといったソーシャルメディアの登場に大興奮していました。
「これからは、誰でももっとネット上で情報を発信する時代になる！ インターネット上で口コミが起こせる時代が来た！」そう確信して、前のめりにSNS販促に挑戦。

Twitterで「中の人」（企業PRのため公式アカウント内で発信する担当者）をしてみたり、オフ会に参加して社外の人とつながってみたり、社内ではFacebookの使い方をレクチャーしたり、運用ルールをつくったり、いつしか「SNSなら菱田さん」というポジションになっていました。

そんなわたしがどうしてもやってみたかったのが、「お客様コミュニティ」を創ること。岡山という街に住みながら、情報感度の高いおしゃれな女性を集めたコミュニティを創り、そこにお店の情報を届けてみたい。継続的にイベントを開催し、お店の情報をお客様目線で発信してもらえるような仕組みをつくることができたなら、彼女たちの影響力を借りてもっと多くの人にお店の情報を届けられるに違いない！

自分で描いた未来に心底ワクワクしました。

拙いながら企画書を書いて上司に掛け合い、すぐに社内プロジェクトを立ち上げました（提案すれば挑戦させていただける環境だったことに感謝です）。

美容をテーマに座談会を開催したり、メンバーと一緒に商品開発をしたり、モデルとして雑誌やホームページに登場していただいたり。

そして、わたしはどんどんコミュニティ運営にハマっていきました。

企画を考えるのが楽しかったこともありますが、一番の魅力は「人」。

回を重ねるごとにメンバー同士が自然と仲良くなり、つながりが生まれます。

次第に、わたしが企画しなくても仲良くなったメンバー同士で会っている姿をSNS上で見かける機会が増えていきました。

ついには、「○○さんみたいな生き方に憧れて、わたしも自分でお教室をやってみたいです」そう言ってライフスタイルを変える選択をするメンバーも。

コミュニティってすごい！

わたしはきっかけの場を創っただけなのに、そこで生まれる**ご縁や人間関係から得られるものは、一生モノの価値がある**。

そうやって夢中で運営していたコミュニティを、もう一度自分でやってみたい。
それが、起業した年に抱いた1つの夢でした。

新しいことを始める時って、ドキドキしますよね？
だからわたしは「この人なら絶対に応援してくれるだろう」と思った、以前のコミュニティの中心メンバーから声をかけていきました。

そこで待っていたのが、冒頭の反応でした。

「うーん……。それ、うまくいかないと思う」

そう言ったのは、一番といっても良いほど仲の良かったメンバーさん。
彼女の反対理由は明確でした。

「コミュニティにお金払う人っている？」

確かに、会社員時代に運営していたのは無料コミュニティでした。でもそれは、会社員だと会社からお給料が出るからです（お給料のありがたさは辞めてからしみじみ感じます）。自分で運営するとなると、活動するにも経費がかかります。だから、メンバーさんから年会費として1万円いただこう、そう考えたのですが……。

何をしたって、賛成してくれる人もいれば、反対する人もいます。わたしの伝え方も下手でした。そもそも起業したばかり、完全に手探りで進んでいた時期でした。彼女に悪気がないことも、わかっていました。

ただ、わたしは悲しかった。

「やってみたい！」未来を描いてワクワクと膨らんでいた気持ちが、みるみるしぼんでいくのを感じながら、「だってこれからの日本って景気が……」と、語り始めた彼女の横顔をぼんやりと見つめていました。

振り返ってみれば、こんなことはたくさんありました。

数え上げればきりがありません。

「うまくいかないと思う」
「向いてない」
「やめときなよ」

何かを始めたい。やってみたい。そう思ったとき、周りの誰か（そしてそれはたいてい近しい人）に反対されたり、「意味わかんない」って言われたり、そうやって気持ちが折れそうになること。

わたしだけじゃないはず。きっとあなたにもありますよね？

誰からも夢を否定されない世界をつくりたい

そうやって夢をくじく人のことを、「ドリームキラー」と呼んだりします。夢を叶えようと思ったときに、現れる。そういう人が現れるのが普通だよ、そう言われたりもします。

でも、正直思うのです。

「ドリームキラー、いる?」

いらなくない? わざわざそういうの。そもそも**はじめの一歩を踏み出すとき、みんな不安な気持ちがある**わけです。

否定だけして論破して、夢が殺されて。

ちょっと待ってよ、それは誰が得するの?

それって全然「やさしくない」よね。

ちなみに、わたしはその後、どうしてもあきらめきれず、自分で有料コミュニティを立ち上げました。30名くらい集まったらいいな、と思っていたら、予想以上の反響があり一気に60名のコミュニティに。3年で終了しましたが、現在は手帳を使って未来の自分を迎えにいく「手帳のGAKKO」コミュニティとしてリニューアルし、メンバーも数百名規模に増えました。

当時のメンバーさんとは今でも仲良くさせていただいたり、現在も「手帳のGAKKO」に参加してくださっていたり、一緒にお仕事をしている方もいます。


あのとき踏み出して、本当に良かった。

ただ、同時に思うのです。

わたしは踏み出すことができたけれど、もし踏み出さなければ今はなかった。

そして世の中にはあの頃のわたしのように、勇気を出したけれど誰かに否定されて、あきらめてしまった人がいるはずだって。


負けない強さを持っている人だけが夢を叶えられる世界は、やさしくない。

やさしい人がやさしいままで夢に向かっていける世界を創りたい。


だから、わたしは「やさしい世界」を創ろうと、決めました。

やさしい世界では、誰からも夢を否定されません。やりたいことをやったらいい、自由な世界。

想像してみてください。もしそんな世界があったなら、何をしたいですか？

それとも、そんな世界は理想だって思いますか？

この本を読みながら、あなたにも体感してほしい。だからもう少し、やさしい世界についてお話させてください。

「やさしい」に込められた2つの意味とは

「やさしい」と聞くと、一般的には「優しい」というイメージが浮かぶと思います。もちろんその意味もあります。でも、それだけじゃない。

「やさしい」には、2つの意味が込められています。

「優しい（あたたかく接すること）」と「易しい（簡単であること）」です。

やさしい世界は、あたたかなまなざしにあふれた世界です。失敗しても大丈夫。だから、新しい挑戦へと一歩踏み出すのが簡単になります。

これ、春のお花と一緒だなと思っています。春になると、いろいろな場所で色とりどりの花が咲き誇りますよね。

あれを見たとき、ハッとしたのです。

「そっか、周りがあたたかくなると、花は咲くんだな」

もしあなたが「わたしはまだ咲いていない」と感じていても、大丈夫。あったかい場所に行けば、勝手に咲き始めます。だから、わたしの運営しているコミュニティ「手帳のGAKKO」の校訓はたった1つ。

「人にやさしく、自分にやさしく」

これだけです。

やさしいっていうのは、甘やかすってことじゃないのです。**自分にやさしくするとは、心の声にちゃんと耳を傾けること**。そして、「やりたい……」と小さな声が聴こえたなら、やってみること。

でも……、わかります。

「やってみる」って、人によってはけっこうハードルが高いものですよね。

「失敗しても大丈夫」と思える心の整え方

「菱田さん、成功の反対って知っていますか？」

「え、失敗ですか？」

「そう思うじゃないですか、でも違うんですよ」


数年前、とある経営者から教えていただいたことがあります。それは、成功の反対は失敗じゃない、ということ。なぜなら成功した人は、みんな失敗をしているから。だから、**成功の反対は「何もしないこと」**なのだと。

とても納得したし、反論するつもりはないです。まったくその通りだと思う。だけどそのうえで、わたしは言いたい。

「でも……、失敗って怖いよね？」

みんな「行動したほうがいい」ってわかっています。ただ、行動に失敗はつきもの。わたしだって、新しい挑戦をするときは怖い。司会者の仕事をしていたころ、初めての担当結婚式で親族の名前を呼び間違えたり、挑戦した企業でのお仕事で集客にものすごく苦戦したり、いろんな「失敗」をしてきました。

挑戦は怖いです。失敗が怖くないから行動できるわけじゃない。ずっと怖いままで、行動しています。

「それって、紗絵子さんだからできるんでしょ？」と思った方に、朗報です♡

作家、タレント、起業家、プロデューサー、これまでにいろいろな「成功者」の話を聞いてきました。すると、全員挑戦するときには「怖い、怖い」って思っていたそうです(笑)。

もちろん中には、絶叫マシン大好き！　みたいなリミッターが外れちゃっている人もいるのかもしれませんが、わたしが出逢った方々は、みんな華やかな裏側で、ちゃんと怖がっていました。

怖くないから挑戦できたわけじゃない。怖いけれど、挑戦しただけ。
みんな、怖いのは一緒。失敗だってしています。

だから、大切なのは怖いって思わないことじゃない。**失敗したときに「大丈夫」な状態をつくっておくこと**です♡
失敗しても大丈夫な状態をつくるには、たとえば「あらかじめ失敗を想定して代替案を用意しておく」みたいなテクニックもありますが、ここでお伝えしたいことは「気持ち」のお話。
つまり、「失敗しても大丈夫だと思える」かどうか。失敗の捉え方を変えられるかどうかがポイントです。

どうやったら失敗しても大丈夫だと思えるようになるか？

それには、**「失敗する」という経験を重ねるのが一番♡**
そして、**失敗には価値がある**のだと、思えるようになること。
そうすれば、失敗を共有してお互いに学びあえるようになります。

ではここで、先日コミュニティ運営の仲間がしてくれた、「素敵な失敗」を1つご紹介したいと思います。

やさしい世界を築く「3つの基本ルール」

「朝から皆さんに謝らないといけません」

一緒に手帳のGAKKOを運営しているSさんから連絡が入りました。運営スタッフで分担して行っていた個別面談。担当時間にうっかり二度寝をしてしまった、という内容でした。どのような対応をしたのか、経緯もしっかり説明してくれて、最後は、「本当に申し訳ございませんでした」と結ばれていました。

さて、あなたがこの連絡を受けたら、どんな返事を返すでしょうか？

やさしい世界がどんな世界なのか、実際のメッセージが一番わかりやすいと思うので、グループメンバーの返事をご紹介します。

○メンバーMさん

「Sさん♡　ご報告くださり、ありがとうございます。私たちに謝る必要は、きっと無いですー♪　先日、このグループチャットで紗絵子さんからいただいた言葉をそのまま送ります♡　【起きること、全てはベスト！】今日も素敵な1日をー♪」

○メンバーWさん

「なんか、安心しちゃいました、Sさんもそんなことあるんだー！　って（笑）。Sさん、報告くださりありがとうございます♡　私もスケジュール確認します！」

○メンバーCさん

「Sさん、私も同じようなうっかりの連続で、いつもまわりに助けてもらってます♡　ドンマイ、ドンマイ（昭和？　笑）」

誰1人、失敗を責めたりしない。ときにユーモアも交えながら、「人にやさしく、自分にやさしく」校訓そのままのコミュニケーション。

ちなみにわたしは、

「はい！　まったく問題ないです♡　むしろ、わたしにとっては良いリマインドになりました！　ご報告ありがとうございます♪　あー、やさしい世界だ♡」と、しみじみ味わっていました♡

これを読んで、「なんてお気楽な……、ありえない！」と思う方もいるかもしれません。失敗って「失敗した人」が一番落ち込んでしまうものだから。そこに追い打ちをかけるように責めたって、相手がますます落ち込むだけ。

反省したり改善したりは本人でできる！　周りはとにかく「やさしく」するべし、です♡

「わたしには『ドンマイ』と言ってくれる仲間がいないです……」

そんな方も大丈夫♡

そんなあなたのために、ライフスタイリングレッスンを創りました。

ライフスタイリングレッスンには、**やさしいまなざしを自分自身に向ける**ための、基本ルールがあります。このルールを守れば、失敗したときに自分を責めることもありません。

ルールは全部で3つ。1つずつご紹介していきますね。

【ルール1】「ある」にフォーカスする

「時間がない」

「お金がない」

「家族が応援してくれない」

「自信がない」

ついつい、「ない」にフォーカスしてしまうこと、ありませんか？　実は、今生きているこの世界には「意識を向けたところが拡大する」という法則があります。これは別にスピリチュアルなお話というわけではなく、量子力学という現代物理学の世界で解き明かされている事実です。

わたしたちは日々、膨大な量の情報に触れています。脳の仕組みから見ても、全部を受け取るのは不可能！　あっという間にキャパオーバーになってしまいます。みんな自分のフィルターを通じて、情報を受け取っています。逆に言えば、自分のフィルターさえ変えてしまえば、「何を受け取るか」を自分で選べるようになります♡

先日、継続でサポートさせていただいている方に、こんな方がいらっしゃいました。

「このコースが終了したとき、どんな自分になっていたいですか？」

初回、面談でそう質問すると、「自信がないので、自信が欲しいです」そう、彼女は言いました。

そして2回目。同じ方が何と言ったと思いますか？

「自信がつきました♡」です！

1回目と2回目の間は、たった3週間。その間に彼女がしたことが、「あるにフォーカス」したことでした。自分以外の誰かと比べるのではなくて、自分の中にあるものを信じたこと。そして目の前にいる人にフォーカスしたこと。

具体的に言えば、

「まだまだ経験が多くないし……」

「もっとすごい人に比べて実績もないし……」

と「ない」にあてていたフォーカスを、

「でもわたしを選んでくれた人がいる」

「丁寧に準備ができる」

「ファッションの仕事が好きだという気持ちがある」

そうやってひとつひとつ「ある」にフォーカスをあてていったのです。

何かを達成した！　とか、現実が大きく変わったから自信がついたのではなく、自分のフィルターが変わっただけ。その結果、受け取る情報が変わり、見える世界があっという間に変わりました。

最初のゴールをクリアした彼女は、好きなファッションのお仕事で独立する！　と決めて、着々と進んでいます。

特に向上心の強い方は「まだ足りない」と、ついつい目標と現在地のギャップ（足りない部分）に目を向けてしまいがちです。

もちろんそれも素晴らしいけれど、すでにこれまでの経験の中で身に着けたことが、あなたに「ある」ことを忘れないでほしいのです。

「わたしには何もないし」、なんて言われる方がいますが、そんな方には必ず言います。

「**何もない人なんて、1人もいません！**」

これまでに手に入れたモノ、出逢った人、あなたの人生にはあなただけの経験があって、そこに「ある」ものに価値があります。
「ない」ものばかり見ていると、「ある」に気付くことはできません。
あなたに「ある」ものにフォーカスする。これが、ライフスタイリングの鉄則です♡

【ルール2】「足し算」で考える

「0＋3－3＝?」

あなたには、この答えがわかりますか?
「そりゃ、0でしょ?」と思う方が、ほとんどだと思います。
でも、ライフスタイリングの世界では、違います。

正解は……、「6」です♡

どういうこと？　これは、ライフスタイリングコーチの武田真由子さんがとってもわかりやすく解説してくれて感動したので、ほぼそのまま紹介させていただきます。

学校の勉強では、「0＋3－3＝0」となりますね。

3を足して、3を引けば、0（ゼロ）。

「3歩進んだ、3歩下がった。結局元の位置に戻った」

「行動した。でも失敗した。結局ゼロである」という考え方です。

果たして本当にそうなのでしょうか？

たしかに算数の世界では間違いありません。ですが、現実では違います。現実では、3歩進んで3歩下がれば、「6歩進んだ」ことになります。進んで戻るのですからスタート地点に戻ることになりますが、それでも「歩いた歩数は6歩」。進んだ距離は増えています。

たとえば、「告白した。けれど、断られた」これは、意味がないように思えます。行動し

たけれど、成就しなかったため、何も実りはありません。ですが、「恋愛経験ができた」という「経験」が増えています。

そう、ここです！
3歩進んで3歩下がって、元の場所に戻っても、実は「成長できている」のです。

いかがですか？　結果が出たかどうか、じゃない。成功したって失敗したって、**行動したら「プラス」**です。ライフスタイリングの世界に、引き算はありません。**失敗だって、立派な経験**。とにかく足し算で考えましょう♡

それから、もう1つ、大事なことをお伝え

しておきます。

たとえば「ダイエットしよう！」と思ったとき。最初の数日は頑張ったのに、その後続かない……、なんてこと、よくありますよね。

「飲み会が入っちゃった！」とか「友達からスイーツバイキングに誘われちゃった！」とか、わたしたちの日常は、計画通りにいかないことのほうが多いです。


そんなとき、多くの人が押してしまうのが、「リセットボタン」です（笑）。

「あー、せっかく頑張っていたのに台無し！」そういって、なかったことにしてしまう。

それは、これまで頑張ってきた、過去の自分にやさしくないですよね。今日からもう、やめましょう。


今日はゼロだとしても、また明日足せばいいのです♡

【ルール3】「まるまるマル」で自己受容

最後のルールは絶対に覚えて欲しいルールです。

これは、先に登場した2つのルールを忘れてしまったとき、思うように人生が進まないと焦りを覚えるとき、「失敗してしまった」と感じたときに思い出してほしいルール。

新しいことを始めるとき、それがなじむまでには時間がかかりますよね。ライフスタイリングの基本ルールも、「そういうことか」と頭ではわかっていても、実際に日々の生活の中で習慣になるまでには時間がかかります。

たとえば、「ある」にフォーカスする！ と決めても、「あー、今日もこれができなかった」「あの人がしてくれない……」なんて、ついつい「ない」にフォーカスしてしまうかもしれません。

「今日はだらだら無駄な時間を過ごしちゃった……」「決めていたルーティンをできなかった……」なんて、マイナスをつけてしまうかも。


そして、あなたは気付くのです。

「ないにフォーカスしちゃった……」

「マイナスつけちゃった！」


このときが、肝心です。

大事なのは、そこで自分を責めないこと！　そんな自分にもマルをつけてあげて欲しい♡
これが、３つめのルールです。
マルをつけるといっても、大げさにほめたり、無理やりポジティブに解釈したりすることではありません。
ただ、自分をありのまま認めること。できたことも、できなかったことも、そのままをいったん受け入れる。「まるまる」とは、「全部」ということ。まるっとまるごとそのままにマルをつけてみてください。

これは心理学で「自己受容」と呼ばれる力です。

正しい自己受容ができていると、それを土台として育まれるのが「自分にはできる！」というポジティブな自己肯定感。自分に自信をつけるためにも、まずは自己受容が肝心です。

良い悪いは置いておいて、**ただ事実を認めて受け入れる**。「まるまるマル」のルールを実践することは、**どんな自分もそのまま認める自己受容**のトレーニングです。


「罪悪感」は、自分の行動をジャッジすることから生まれます。

やさしい世界には必要ありません。「できなかった！」といって、そのあと自分を責める必要はまったくありません。


そう、さっきの寝坊事件と一緒ですよね。

あなたには、さらに改善する力がある♡　まずはそのままの自分にマルをつけましょう。

人にやさしくできるなら、自分にもできます！

ライフスタイリングで「自分探しからの卒業」ができる

さぁ、そろそろ「やさしい世界」があなたになじんできましたか？　基本のルールはどれも大切。いよいよ次章からは、ライフスタイリングの具体的な内容に入っていきます。


「これで自分のこと好きになれるの？」

「まだ正直、自分のこともよくわからない」

そんな方も、大丈夫です。

ライフスタイリングをすれば、自分のことがもっと好きになります。そして、あなたに

とって大切なものが見えてきます♡

そして、「自分らしさ」に気付き、活かすことができるようになります。

最近では少なくなっているかもしれませんが、少し前まで「自分を見つけにいく」といえば「自分探し」。その定番は、旅に出ることでした。

日常を離れ、異国の文化に触れ、越境体験を通して「自分」というものに改めて気づく特別な時間。

もちろん旅は素晴らしい経験になります。けれど、ライフスタイリングができたなら、「自分を探すための旅」は、もういりません♡

旅どころか、自宅のリビングにいながらできてしまうのが、ライフスタイリング。

どこか遠くへ、探しに行かなくても大丈夫です。

自分のことを知るのに、この本を除いて必要なものは、たった3つ。

「リラックスできる場所」

「少しまとまった時間」

それから、

「心の声を素直に書き留める、紙とペン」。

これだけあれば、あなたは自分の力で「自分らしさ」を再発見することができます♡とっても簡単ですよね？

「せっかくならばベストな状態で臨みたい！」という方には、「最高にリラックスできる素敵な場所」で「たっぷりとゆとりのある時間」、そして「眺めているだけでときめいてしまうような、上質なノートと書き心地の良いペン」をおすすめします。

そうそう、ここで大切なことを1つ。ライフスタイリングをする上で、「いらない」ものがあります。何だと思いますか？

それはある意味、わたしたちの日常になくてはならないものである、アレです。

そう、アレとは「スマートフォン」や「パソコン」といった、インターネットにつながるデバイスです。

かつて、旅の効用の1つは、日常を離れ「孤独」になれることでした。けれど、現代を生きるわたしたちは、旅に出てもなかなか孤独になれません。

いつでもどこでも世界中と「つながれる」時代。いつでも手元にスマホがある人がほとんどですよね。インターネットの普及のおかげで、わたしたちはかなり意識的にならなければ、「孤独」を手に入れることができません。

けれど、心の声を聴くために、ネットの情報は必要ありません。

できるなら、スマホやパソコンの電源を切ってしまいましょう。そして、別の部屋に置いて物理的にも距離を置くのがおすすめです。

さぁ、これで準備は整いました。

今日でもう、**自分探しはおしまい**です♡

第1章

Wrap-up

－ まとめ －

♡ やさしい人が、やさしいままで夢を叶えていけるのが、やさしい世界。

♡「やさしい」とは、「優しい（あたたかい）」こと、「易しい（簡単である）」こと。

♡ 挑戦は怖いままで OK。失敗しても大丈夫な環境をつくっておこう。

♡ **＜基本ルール＞**

①「ある」にフォーカスする。これまでの人生の中での経験すべてが価値になる♡

②「足し算」で考える。人生にリセットボタンはないから、コツコツと経験を重ねていこう！

③まるまるマル。どんなときも自分を責めない、まるごと受け入れる♡

♡ 自分を探しに行かなくて大丈夫。スマホをとじて、自分の心をひらこう。

第2章

自分に最高に似合う生き方を選びとるレッスン

Lifestyling

「わたしを幸せにしてくれる」のは誰？

大学3年生の冬。もう深夜と言ってもよい時間。

わたしは、池袋のとあるバーのカウンターに、1人で座っていました。とにかく、腹が立っていました。それはもう、猛烈に。

カウンターの中にいるマスターは、30代前半くらい。アルバイト帰りに先輩に連れてきてもらったのがきっかけで知ったお店でした。いつもやさしく話を聞いてくれて、たまにタロット占いもしてくれるマスター。池袋からほど近い、目白で1人暮らしをしていたこともあって、気が付くと、たまに1人でも顔を出すようになっていました。

その日もマスターはいつものように、わたしの話を聞いてくれました。腹を立てていた理由は、当時付き合っていた彼、タカシから急に連絡がこなくなったこと。とても簡単に言えば、わがままな振る舞いに愛想をつかされて逃げられたのですが、20代前半のわたしは変にプライドだけは高くて、自らを反省するどころか彼を責めていました。

どうして、連絡をしてこないのか。

なんでわたしを大切にしてくれないのか。

悔しかったし、悲しかったのだと思います。

そして、振り返れば顔から火が出そうですが、極めつけにわたしはこう吐き捨てたのです。


「タカシのくせに」


それを聴いたマスターは、用意していたあたたかなアイリッシュコーヒー（これがわたしの大好物でした）を差し出しながら、微笑みました。

そして、それからマスターが教えてくれたこと。あの夜、わたしの人生は一変しました。

本当に自分を幸せにできるのは自分だけ

だいぶお酒が進んでいたはずなのに、今でもはっきりと覚えています。

「人はね、欲しいものを手に入れることを成功と呼ぶんだ」

そう、彼はやさしい声で話し始めました。

「サエちゃんはこれまでに、欲しいものをたくさん手に入れてきたかもしれない。それは確かに成功だ。

でも、幸せっていうのは、それが手に入った後も、それを欲しがり続けていられることだよ。

これまでサエちゃんが欲しがってきたものは、『**手に入った後も欲しがり続けていられるもの**』だった？」


頭を殴られるような衝撃とは、まさにこのことでした。

今まで、わたしは何を欲しがってきたのだろう……。

手に入れるまでは楽しくて、手に入れてからはないがしろにして、そしてまた、なくなったら惜しくなる。


何をしているのだろう……バカみたい。

それまでのわたしは、わたしを幸せにしてくれる誰かを探していました。でもその考えが、そもそも間違っていたのです。

幸せになるためには、まず「わたし」が何を欲しいのかがわかっていること。それがわかっていなければ、わたしはいつまでたっても幸せになれない。そのことに気が付いた瞬間でした。

自分が、何を本当に欲しがっているのか、それを知っていること。

そう、これが重要なことです。

なぜなら、自分にとって大切なことがわかっていれば、ひとつひとつの選択の質が変わるからです。やみくもに選ぶのではなく、自分の大切にしている価値観を基準に選び取っていくことができる。

けれど当時のわたしには、それが何か、まだまったくわかりませんでした。

ただ、1つ決めたことがあります。

わたしは絶対に、「わたし」を幸せにしてみせる。

これが、わたしの原体験です。それからわたしはすぐに、1冊の黄色いノートを買いました。

人生は誰かに幸せにしてもらうものじゃない。自分で幸せになるもの。誰かのせいにするのは、もうやめよう。答えはどこかにはない。自分の中にある。1人暮らしの1Kの小さなアパートで、ノートに向かうわたしのライフスタイリングはここから始まりました。

あれからもう、20年以上たちますが、人生で最も重要なことに気づかせてくれたマスターには、今でも感謝しています。

幸せになる許可を出して具体的な未来を描く方法

自分で自分を幸せにしてみせる、そう決めたものの「どうやったら幸せになれるのだろう?」「わたしが本当に手に入れたいモノは何だろう?」という答えはそう簡単に出るものではありません。

本を読み心が動いた言葉をノートに書き留めてみたり、自分自身の想いを書き出してみたり。そんなある日、大学の講義中に読んでいた書籍の文章が、ふと目に留まりました。

「すべての人は幸福を求める。そこに例外はない。考えられる手段をさまざま用いて、人はこの目標を達成しようとする。（……）幸福こそがすべての人の行動の動機となっている。首つりをしようとしている人も含めて」

哲学者パスカルの『パンセ』（岩波書店、２０１５）にあるこの一節は、かなりの衝撃でした。

……そうか、人はみんな「幸せになりたい」と行動しているのかと、考えさせられました。自殺する人も「この苦しみから逃れたら幸せになれる」と思って、幸せになるために行動するのかと。

だとしたら、幸せは「主体的」かつ「具体的」に描く必要がある、そう当時のわたしは強く感じたのです。


この人生は一度きり。

そして自分の人生はひとつひとつの行動、つまり「何をしたか」で成り立っています。

どんな行動も動機は「幸せになりたい」だとしても、描いた幸せがあいまいだったなら、きっと行動もあいまいになってしまう。


それがまさに、当時のわたしのような状態だと痛感したのです。

このままでも、なんとなくぼんやりとした幸せは手に入るかもしれません。

けれど、わたしは「それでは足りない」、と思いました。

一度きりの人生、とびきり幸せになりたい。

「なんとなくこれが幸せ」という世間一般の幸せに迎合するのではなくて「わたしはこれが幸せ」だと心の底から思えるような、幸せのくっきりとした輪郭が欲しい。

それから、わたしは未来を具体的に描き始めました。これまでにひとつひとつ実際に取り組んできたことが、今のライフスタイリングレッスンの土台になっています。

あなたの人生も、一度きりです。
だから、**妥協しないでほしい**のです。

誰かに幸せにしてもらうのを待たなくても、自分の力で幸せになっていい。
とびきり幸せになる許可を自分に出して、具体的に描き行動していきましょう♡

最高に自分らしい「命の使い方」とは

さて、この章ではライフスタイリングの基本となる考え方をお伝えしていきます。

ライフスタイリングとは、自分に最高に似合う生き方を選び取ること。**最高に自分らしい命の使い方を「今日」選び取り行動する**のがライフスタイリングです。

たとえば洋服を着ずに出かける日はないですよね？　わたしたちは毎日自分の洋服をスタイリングしています。

人生も実は一緒。わたしたちはほぼ無意識に、自分の人生をスタイリングしながら生きています。何をするか行動を選択し、実行する。そしてその積み重ねが「生き様」を創っていきます。

ライフとはつまり「人生」です。人生と考えると、なかなか壮大なスケール感だと思われるかもしれません。そのままではかなり抽象度が高いので、ぼんやりとしてしまいます。

けれど、一生は1日の積み重ね。

今日という1日は二度と戻ってくることはないし、そして実際のところ、明日がくるという保証は誰にもありません。

そう、まさに「**時間は命**」です。

だから、なんとなく選ぶのではなく、今日、**いまこの瞬間から妥協せずに本当に大切なモノを選んでいく**。

その日々を重ねることで、自分にとって大切なモノで人生を満たしていくことができるようになります。

どんな今日を過ごすかによって、積み重ねる明日が変わります。

自分にとって大切なモノを大切にできた、と感じられる1日を重ねていくこと。

それを3日、1週間、3カ月、1年と継続することで、あなたの人生は信じられないくらい大きく変化していきます。

「大切」なモノとは「好き」で「必要」なモノ

それではまず「大切なモノ」について考えてみるところから始めてみましょう。

これから何が欲しいのか、今手に入っていないモノについて考えるよりも、まずは今「ある」モノにフォーカスすることから。

すでにあなたには、これまでの人生で手に入れてきた大切なモノがあるはずです♡

「大切なモノ」とは、マスターからもらった幸せに生きるために必要な「手に入れた後も欲しがり続けていられるモノ」、この言葉をわたしなりに紐解いたものです。

欲しがり続けていられるということは、自分にとって「大切」だということです。そして大切なモノを決めるとてもシンプルな考え方がこちら。


「大切」なモノとは、「好き」で「必要」なモノ。

これが、自分にとって大切なモノを決めるための、そしてライフスタイリングの基礎とな

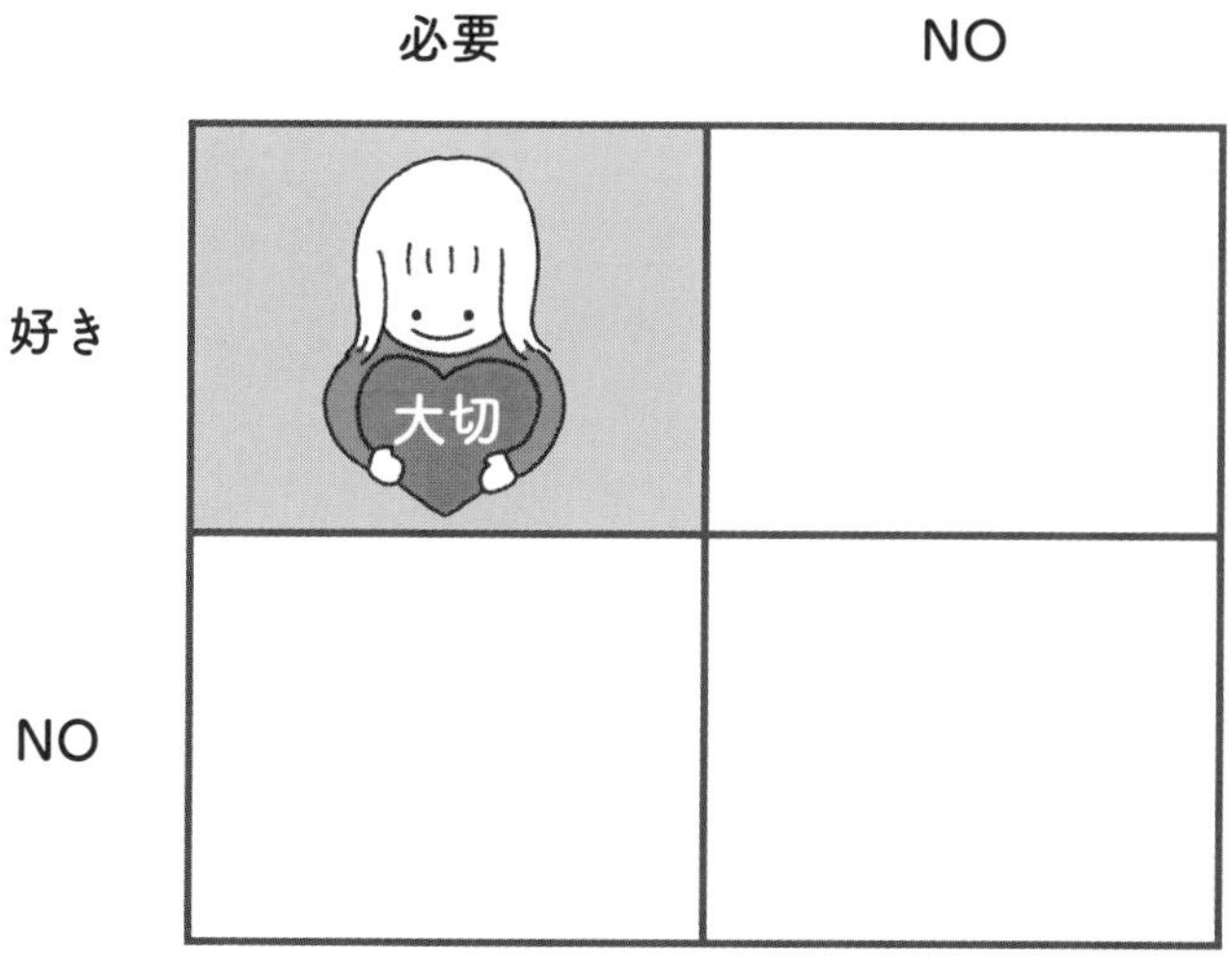

る考え方です。

「好き」というのは、感性です。「ときめく」「キュンとする」「愛おしい」といった言葉で表されるような感情。そのモノに対して心がポジティブに反応すること。

一方**「必要」というのは、理性**です。頭で考えて「これはいるよね」「大事でしょう」、そうやって分別する思考。そのモノに対して価値があると判断すること。

好きと必要の違いを簡単に言うと、「そこに理由があるかどうか」です。

「よくわからないけど好き♡」はあっても、「よくわからないけど必要！」はありません。必要には「理由」があるのです。

感性と理性、心と頭の両方を使うことで、自分にとって大切なモノをバランス良く判断することができます。

あなたにとって大切なモノを思い出すワーク

【STEP1】「大切なモノ」をイメージする

今のあなたにとって、「好き」と「必要」両方を満たす、大切なモノは何ですか？映画鑑賞、家族旅行、愛犬との散歩、家庭菜園、自由にイメージしてみてください。なぜ、それがあなたにとって必要なのでしょうか？

【STEP2】書き出して、味わう

思い浮かんだイメージを紙やノートに書き出してみましょう。今のあなたにとって大切なモノがここに「ある」ことを認識してください。たくさん出てくる方もいるかもしれませんし、それほどたくさんは思いつかない方もいるかもしれません。どちらでもOKです。改めて眺めてみて、どんな気持ちになりますか？　何か気が付いたことがあれ

ば、書き留めてみてください。

大切なモノとこうして向き合ってみると、あたたかな気持ちになったり、やさしい感情があふれてきたり、感謝の念があふれてきたりしますよね。

この感覚を忘れずに日常を生きていくこと♡

これを、ライフスタイリングではとても大事にしています。

大切なモノがない人はいません。けれど実際、大切なモノを大切にすることをし続けることは、決して簡単なことではありません。

なぜなら、わたしたちの人生には、あまりにもたくさんの刺激があるから。ついつい、「あれも足りない」「これもない」そうやって外側の情報に惑わされてしまうこともあります。

けれど、「好き」でも「必要」でもないものを手に入れるために一生懸命になってしまうのはもったいないですよね。

今ここに「ある」大切なモノを大切にするためにも、人生をシンプルに整理整頓していきましょう♡

人生を構成する価値観を言葉にしてみる

ところでレッスンでは、受講生の方にこんな質問をしています。
「あなたの人生は、何でできていますか？」
そう聞かれたら、あなたは何と答えますか？

あなたの人生は、何でできていますか？　これまでの人生を振り返って、現在の日常をイメージして、これから先の未来を思い描いて、ぜひ少し考えてみてください。当然出てくるものは、人によって違ってＯＫ。正解はありません。

「挑戦」「学び」「家族」・「出逢い」「経験」「愛」……。自分にとってしっくりくる表現を探してみましょう。

受講生さんの中には、こんな方もいらっしゃいました。

「最初の『人生とは？』で号泣しました。

私の答えは『今までの人生、妥協と後悔』。声に乗せて話してみると、胸が詰まって涙が止まらなくなりました」

これは実際に受講生のAさんからいただいたご感想です。


あなたはいかがでしたか？

「自分の人生にとって大切なモノってこれかもしれない」

そんな価値観が見つかって、嬉しい気持ちになったかもしれません。もしかすると、冒頭の彼女のように、ちょっと苦しい気持ちになった方もいるかもしれません。


「何も思い浮かばなかった……」

そんな方も大丈夫、安心してくださいね♡

実際レッスンに来てくださる方も、「人生とは何か、なんて初めて考えました！」という方は、とても多いのです。わたしたちはそれぞれに、これまでの人生で身に着けてきた常識や価値観の中で生きています。改めて考えてみて、言葉にしようとしてみることで、初めて気が付くことがあります。その気付きこそ、宝物です。

そうそう、先程のAさんのその後をご紹介しましょう！　レッスンを受けた後、北海道から日帰りで、東京で行われる講演会に行ってもいいかどうかを、ご主人に聞くことができたAさん。その結果がこちらです。

〈Aさんからのメール〉

「どうしても行きたい講演会があるんだ……しかも東京……しかも日帰り」と打ち明けると、あっさり「いいじゃない、行っといでよ」と。
ええええええーーー！！
え？　東京だよ？？　いいの？？？
しかも「行きたいところとか、したいことがあれば、すぐ言ってよ。Aもオレがサッカー行くとか一泊するとか、したいことといつもさせてくれてるでしょ？」と言ってくれて……じーんと感動。

確かに結婚してから夫のしたいことに反対したことないし、むしろ「趣味があっていいねぇ、どんどん楽しんできてー♪」と快く送り出してましたが、そんな風に思ってくれてたんだ……と感激しました。

え、もしかして……私に反対していたのは私だったのか！
ごめんよ私、これからは好きなこと、したいことを口に出していいんだよ、実行していいんだよ、と心から思うことができました。

私、この日を一生忘れないと思います。
ライフスタイリングレッスンを受けて、本当によかった！
私の人生、私が決めて、私が楽しむんだ！
そう決意した、特別な1日でした♪

このメールを読みながら、どれだけ嬉しかったか！
「私の人生、私が決めて、私が楽しむんだ！」
この言葉が表すように、もう、Aさんの人生には、妥協も後悔もありません♡
なぜ、こんなにAさんはあっという間に、別人級に変化できたのでしょうか？
それは、レッスンを通じて「人生」の捉え方が変化したからです。
そして、自分で決めて行動した結果、彼女は欲しい未来を手に入れました。
この**「自分で決める」の実践こそが、ライフスタイリング**です。

プロに「おまかせ」は便利でも人生は違う

「これ、紗絵子さんに絶対に似合うと思う！」

そういって、届いたメッセージに添付されていたのは、1着のワンピースの写真でした。

オフホワイトの色味、切り返しのあるウエストのデザイン、柔らく揺れるチュール素材に丈感。たしかにとっても好みです。

メッセージを送ってきてくれたのは、信頼しているファッションのプロ。彼女の見立てに間違いがないことはわかっています。

数日後、お店に行って無事にワンピースを手に入れたわたし。サイズ感を確認するため一応試着はしたけれど、滞在時間は10分程度。あぁなんて時短なの！

最近は「おまかせ」できるサービスも増えてきていますよね。専属のスタイリストさんがついて、コーディネートを選んで送ってくれるサービスもあります。

わたしはプロに「おまかせ」するのが大好き♡　美容院でも基本的に美容師さんにおまかせするし、週に一度は家族分の夕食を届けてもらっているし、ちょっと変わったところだと、今度健康診断のメニューも保健師さんにコーディネートしてもらう予定です。産地直送で旬のお野菜をおまかせで届けてもらっていたこともありました。

おまかせの素晴らしいところは、その道の「プロ」がおすすめ商品や、自分に合うものを選んでくれること。そのときのトレンドや旬に触れられたり、自分1人では出逢えなかった出逢いがあったりもします。自分で考える時間がぐんと減るし、自分で探すよりもずっと早く良いものが手に入ったりします。

ただ、唯一「おまかせ」できないもの。
それが、「人生」です。

お洋服はスタイリストさんをつけて、自分に似合うスタイリングをしてもらうことができます。けれど、人生のスタイリングをしてもらうわけにはいきません。

あなたの人生をスタイリングできるのは、あなただけです。

幸せは成功ではなく自己決定によってもたらされる

2018年、独立行政法人経済産業研究所が国内の男女2万人に対するアンケート調査を実施しました。その結果、「所得」や「学歴」よりも、幸福感を上げるものが明らかになりました。

それは、「自己決定」です。

幸せになるために大切なのは、成功じゃない。「何を手に入れたか」「何ができたか」ということよりも、大事なことは「自分で決めたかどうか」なのだそうです。

このデータを知ってわたしが真っ先に思い出したのは、高校受験の思い出。

他に行きたい高校があったのですが、わたしは両親から強く勧められた高校を受験することを決めました。

合格し通うことになりましたが、ずっとどこかで「自分で決めた学校じゃない」というのが引っ掛かっていたのです。

人生の大事な決断を他人に委ねてしまったこと。それはわたしの中で長年解消しがたい後悔でした。もちろん、その高校に入学したから出逢えた友人がいましたし、楽しい学生生活を送ることができたのですが、「自分で決めず、親が決めたことに従った」という事実は、大人になってからもずっとどこかでひっかかっていました。

他人が決めたことに従う一番のデメリットは、うまくいかなかったときにどこかで「相手のせい」にしてしまうこと。

高校生活が思うようにいかないとき、わたしは「どうせ自分で選んでいないし」「親が決めたのだし」と言い訳をしてばかりいました。わたしのためを思って提案してくれた両親にも、とても失礼だったと今では反省しています。

以来、大学進学のときも、就職先を決めるときも、人生で何か決断をするときは、必ず自分で決めてきました。

あなたの人生は、あなたのもの。
具体的に描いて、自分で決めて良いのです♡

わたしたちの人生を構成している「3つの要素」

それでは、ここからはレッスンでお伝えしている人生を構成する3つの要素をお話しします。

それは、「**空間**」「**時間**」「**人間関係**」。


生きている限り、わたしたちは3次元の空間に存在しています。

また、人生は「生まれてから死ぬまで」の時間の連なりの中に、あるもの。

そして人は社会的な生き物です。生きている間は他者との関わりの中で生きていきます。

完全に孤独になることはできません。


どの瞬間を切り取っても、「空間」があり「時間」があり、「人間関係」が存在します。

この「空間」「時間」「人間関係」を整え、「**自分にとって大切なモノで満たしていく**」

というのが、ライフスタイリングです。

ちょっとイメージしてみてください♡
あなたにとって最高に心地よい空間で、大好きな人たちと過ごす時間。
たとえば、
「家族全員で大自然の中キャンプをした夜、焚火の前で晩酌をしながら旦那さんと過ごすひととき」

「お気に入りのホテルの部屋で遅めのモーニングをいただくこと」

「大好きなアーティストのライブに参加して、全身で音楽を感じる、あの感覚」


何が心地よいかは人それぞれ。でも、あなたにとって大切なモノで満たされたひとときはきっと少しイメージしただけでも、「最高に幸せ！」そう、思いませんか？

この至福のひとときを、いつからか認定コーチたちは「ライフスタる」と表現するようになりました。

もちろんその豊かさを味わえるのは、何も特別なひとときだけではありません♡　日常こそ、そんな**豊かさで人生を満たしていける**のが、ライフスタイリング。

他の誰かはひとまず置いておいて、「わたしにとって」大切なモノを選び取っていきましょう。

ライフスタイリングにおける「はじめの一歩」

「空間」「時間」「人間関係」を自分の大切なモノで満たそう！　そう思うと、いきなり「大切なモノ探し」から始めたくなる人もいるかもしれません。けれど、それはおすすめできません。

なぜかというと、たいていの人は「空間」も「時間」も「人間関係」も、すでにキャパオーバーだからです。

空間にはモノがあふれ、時間は足りない、そして人間関係もなんだかごちゃごちゃしている……。

そんな状態で、まずは何から始めたら良いと思いますか？

先程お伝えした、ライフスタイリングの基本を覚えていますか？

「大切」なモノとは、「好き」で「必要」なモノ。

実はこれ、マトリックスで表すことができます。他の象限に何が入るのかを、ご紹介しますね。

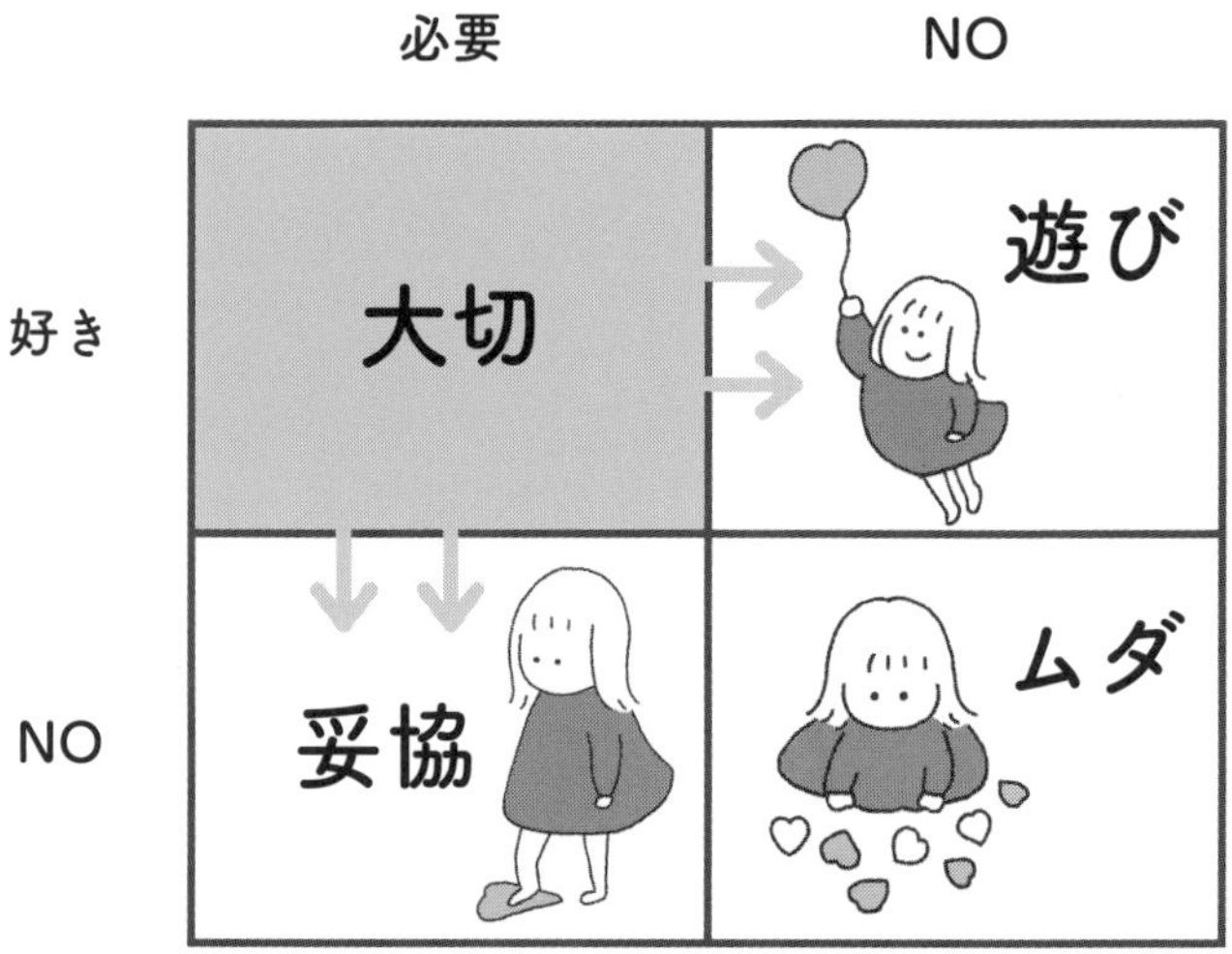

①　大切＝好きで必要なモノ
②　遊び＝必要なわけではないけれど、好きなモノ
③　妥協＝好きではないけれど、必要だと感じているモノ
④　ムダ＝好きでも必要でもないモノ

第2象限（右上）にあるのは、「遊び」のエリア。ここには、「必要なわけではないけれど、好きなモノ」が入ります。気の置けない友人とのランチや、コレクションしている文房具、最近気になっている人など、絶対に必要というわけではないけれど、日常に潤いを与えてくれるような、そんなモノたち。

続いて、第3象限（左下）は、「妥協」の

エリア。「好きではないけれど、必要だと感じているモノ」が入ります。好みではないけれど持っている冠婚葬祭用の礼服、買い替えるのは面倒だなとそのまま使っているフライパン、義理で付き合っている職場の知人など、心がときめきはしないものの、捨ててしまうのはちょっとためらわれるようなモノたちです。

そして、第4象限（右下）は、「ムダ」のエリア。「好きでも必要でもないモノ」が入ります。気が乗らないのに断れず参加する飲み会、壊れたのに捨てていない家具、終わった後にためいきをついてしまう長電話など、正直できるならば手放してしまいたいモノたちです。

最初に手放すのは「人間関係」ではなく「空間」

さて、手を付けるべきはどこからか……、もうわかりましたよね？

そう、一番にしてほしいのは、「ムダ」なものを手放していくこと。

そういうと、「わかりました！　まずムダな人間関係から手放していきます！」そうやって、いきなり人間関係から手放そうとする方がいるのですが……、それはちょっと待ってください。

人間関係の問題は、確かに大きなストレスになることも多いです。

ここさえ解消すればうまくいくのに……、と思うこともあるかもしれません。

ただ、ライフスタイリングでは「空間」「時間」「人間関係」この3つの、整える順番が決まっています。

順番は「空間」「時間」、最後に「人間関係」。

その理由はまた後程お伝えするとして、まずは「空間」から整えていきましょう。

誰でも今日から実践できる手放しのお作法

ライフスタイリングの**最初の一歩は、空間にあるムダなモノを手放す**ことからです。

そうお伝えすると、拍子抜けする方もいるかもしれません。

もっと劇的に人生をシフトできて、自分を好きになれる方法を教えてもらえると思ったのに、「ムダなモノを手放すこと」って地味過ぎませんか？

そんなふうに感じるかもしれません。


けれど、一見地味に見えるような、小さなことから始めるのが実はポイントなのです。

ライフスタイリングはダイエットに似ています。急激な変化は、リバウンドを招くもの。

最初は「これくらいでいいの？」と思えるほど、簡単で小さな行動から、確実にやっていくことが肝心です♡

そして、効果を実感しやすいのは、見えないモノよりも見えるモノ。見て触って確認できる、モノの「お片づけ」から始めましょう。

まずは基本の手放し方をお伝えします。

【STEP1】　手放すモノを決める

今、自宅にいる方は周りを見回してみてください。お店で選んで購入したもの、誰かからのいただきもの、あなたの周りにあるものは、基本的には過去のあなたが連れてきたモノたたち。今のあなたにとって「好き」だとも思えず、「必要」でもないものは、潔く手放してしまいましょう。

手の付けやすいものから自由に選んでいただいていいのですが、アイテムとしておすすめなのは、「こんまりメソッド」でも一番に手を付けることが推奨されている「衣類」です。購入した時はよく着ていたけれど、今はもうあることも忘れていた型の古くなったジャケット。ついたシミがとれなくなって、もう外には着ていけないブラウス。「痩せたら着よう！」と取っておいた、産前お気に入りだったワンピース。

最初のころはアイテムが多いので、パッと見ただけで手放すものがたくさんみつかるかもしれません。時間をたっぷりかけて一気に片づけたくなるかもしれません。

複数点選んでも良いですが、かける時間は最大でも、トータル15分以内にしてください。張り切りすぎはリバウンドの元。ちょっとずつ進めましょう♡

【STEP2】一緒に過ごした時間に感謝する

「あーあ、これ高かったのに……」「これ、無駄遣いだったなぁ」手放すときに、そんな気持ちが湧き上がってくることがあるかもしれません。もちろん湧き上がる感情は抑え込む必要はありません。

けれど、さよならする前に思い出してほしいのは、前章でお伝えした3つのルールです。

①「ある」にフォーカスする
②「足し算」で考える
③まるまるまるマル

そのモノがあったから、できた経験にはどんなものがありますか？　それが複数回あったなら、もう十分活躍してもらったのかもしれません。そしてどんな感情になっても、まるまるまるマルです。

そして最後、手放す時は「ありがとう」と感謝の言葉をひとこと、モノに伝えましょう。

【STEP3】　記憶にたよらず記録する

ライフスタイリングでとても重要だとお伝えしているのは、「記録」です。ダイエットにも食べたものを記録する、レコーディングダイエットなるものがありますよね。あれと基本は一緒です。

おすすめしているのは、手帳のマンスリーページに記録をつけていくこと。何を手放したかだけを文字で簡単に記録しても良いですし、絵が得意であればイラストでもOK。そのときの感情を簡単に記録すると、今後モノを購入するときの指標になります。

中には、「専用のノートをつくって、手放したものをナンバリングしています」なんて強者もいますが、ライフスタイリングに「こうしなければならない」はありません。

それよりも大事なのは、継続すること。1カ月くらい毎日継続して不要なモノを手放していくと、自分自身の傾向が見えてきます。

「セール品でついつい買ってしまったものはすぐ使わなくなるな」

「同じようなアイテムをついつい買ってしまいがち」

自分がムダなモノを手に入れてしまいがちなポイントがわかるようになると、手に入れる前に気付き、セーブできるようになります。

人は忘れる生き物だから。**記憶にたよらず記録**していきましょう♡

第2章

Wrap-up

- まとめ -

♡ 幸せになりたいなら、誰かに幸せにしてもらうのではなく、「主体的」かつ「具体的」に描く。

♡ 自分にとって大切なモノを大切にすることこそ、最も大切なこと。

♡ 大切なモノとは、「好き」で「必要」なもの。感性と理性を働かせて選ぼう♡

♡ 人生のスタイリングは、人におまかせできない。幸福度を上げるためのポイントは「自分で決める」こと。

♡ 人生は、「空間」「時間」「人間関係」の順番で整える。

♡ 新しいモノを入れる前に、まずはムダなものを手放そう。

♡ 記憶よりも記録が大事。ムダを繰り返さないために、記録をつけよう♡

第3章

暮らしを整える「空間のスタイリング」

Lifestyling

原点は「日常の暮らしを整える」こと

大学時代、1人暮らしをしていたアパート。8帖1Kの、決して広くはないその部屋は、わたしにとって思い出の場所。人生で唯一、1人暮らしをしていたその場所で、自分と向き合う時間を過ごしました。

あの部屋が、わたしがライフスタイリングを始めた「はじまりの場所」です。

付き合っていた彼と別れる前は、大学を卒業したら一緒に住んで、当時勤めていたアルバイト先でいずれ就職して……、なんて「彼がいて当然」の未来をぼんやりと描いていたわたし。

けれど、独りぼっちになった今、自分の人生は自分で決めなければいけません。1冊の黄色いノートを購入して、理想の未来を描き始めました。

描いた未来は、10年後。

「結婚していて、やさしい旦那さんと子どもがいる生活、子どもは男の子、住んでいる家はマンション。わたしは仕事も続けていて、充実した日々。書くことが好きだから、何かそんな仕事ができていたらいいな。雑誌の編集者とか楽しいかもしれない♡」

サークル活動やアルバイトに明け暮れた、大学生時代。自由になるお金はそれほどありません。ですが、家に帰れば未来を描く時間はたっぷりありました。目を閉じて、浮かんだビジョンを書き留めたり、思いつくままイメージを膨らませてみたり、暇さえあれば妄想に耽《ふけ》りました。

そして始めたのが、ムダなモノを手放すことでした。「便利そうだから」で購入したあまり使っていないキッチン用品、妥協して買った家具、要らないモノを手放しながら、当時愛読していた中山庸子さんの「『夢ノートのつくりかた』（大和出版、１９９５）」にならい、ノートに「欲しいものリスト」を書き出しました。

モノと向き合うことで、自分にとって何が大切なのかを見極めようとしていたころ。未来が見えなくなって不安なときは、とにかく掃除に夢中になりました。

部屋を整え、自炊をして、お風呂にゆっくりと入って、夜はぐっすり眠る。

そうやって暮らしを整えながら、わたしは「手に入れた後も欲しがり続けていられる幸せ」を探していました。

あの大学時代の孤独な日々が、今思い返せばわたしの「空間のスタイリング」の原点です。

わたしたちが空間を整える本当の意味

前章ではライフスタイリングのはじめの一歩として、「空間にある不要なモノを手放す」ことをお伝えしました。といっても、もちろん「空間のスタイリング」＝「要らないものを捨てましょう」だけではありません。

本章では具体的に「空間」のスタイリングについてお伝えしていきますが、その前にそもそも「空間」とは何か？　ということをお話したいと思います。

「空間」という言葉を調べてみると、文字通りの「空いているところ」という意味だけではなく、哲学、数学、物理学など学問の世界の中で、様々な意味合いを持って使用されていることがわかります。

ライフスタイリングの「空間」とは、「時間と共に物質界を成立させる基本形式」という哲学的な捉え方なのですが、……これだとちょっと、かなり（？）わかりにくいですよね。

もっとシンプルにお伝えします♡

空間＝目に見えるモノ（実体）＋目に見えないモノ（気体）

目には見えないモノの話となると、少しイメージしにくい方もいらっしゃるかもしれません。けれど、わたしたちの世界は目に見えるモノだけで成り立っているわけではないですよね。


つまり、目に見えるモノも目に見えないモノも、わたしたちが存在している3次元の中に「ある」モノは「空間」の一部だと捉えます。

目に見えるモノとは、衣類、家具、観葉植物、家電、食器、お金、家など、世の中に形をもって存在しているモノ、全てです。そして、香り、音楽、雰囲気、空気など、直接目には見えないけれどそこにあるモノたちも、「空間」です。

まずは、この空間全体を整えることがとても大事なこと。

「結局、お片づけをするってこと？」
もちろん、それもあります。けれど、それだけではありません♡

空間のスタイリングができている人とできていない人

ここで、空間のスタイリングが「できているAさん」と「できていないBさん」の特徴をそれぞれご紹介します。今のあなたは、どちらに近いですか？

〈空間のスタイリングができているAさん〉

□ 探し物で時間を無駄にすることが少ない
□ 何かを購入してから後悔することがほとんどない
□ 家にいると気持ちが安らぐ
□ 必要ないものはスッキリと手放せる

□長く愛用している、お気に入りがたくさんある

〈空間のスタイリングができていないBさん〉

□ついつい無駄なモノを購入してしまう
□モノを購入するときは「予算」ありきで決めている
□もったいないので、モノがなかなか捨てられない
□家にいるときに、イライラとしていることが多い
□部屋が片付かないことに、長年悩んでいる

いかがでしたか？　正直なところ、この「空間」のスタイリングが得意な方はとても少数派だと思います。

実はわたし、これまでに100名を超える女性たちに直接「人生のお困りごとTOP3を教えてください！」とインタビューしたことがあります。その中でも定番だったのが、「部

屋が片付かない」というお悩み。

これを読んでくださっているあなたも、もしかすると「うんうん」と大きく頷いていらっしゃるかもしれません。


でも、大丈夫です。

あなただけではありません。今はモノがあふれる時代。普通に生活しているだけで、日本人の所有物は1人当たり1万点、とも言われます。普通に暮らしていれば、いつのまにか部屋はモノであふれていきます。

空間のスタイリングができるようになると、自分にとって大切なモノに囲まれた暮らしが手に入ります♡

自分にとって大切なモノに囲まれた空間を創る方法

ただし、ライフスタイリングの考え方で空間を整えていくと、ピカピカのモデルルームのような家で暮らせるようになる……というわけではありません（笑）。

「空間」のスタイリング、なんてお伝えしているわたしですが、実はわたし自身、お片付けは決して得意ではありません。今、これを書いている机の上も、書籍数冊、手帳数冊、ノートも数冊、子どものお絵かき帳、筆記用具……、そんなモノたちが雑然と並んでいます。ソファを見ると、取り込んだ洗濯物が小山をつくっているし、全然完璧ではありません。現実って、そんなものです。

空間のスタイリングで目指すのは、モデルルームではありません。

目指すのはあくまで「**自分にとって大切なモノに囲まれた空間を創る**」こと。

ライフスタイリングレッスンは、自分にとって大切なモノを大切にするレッスンです。「空間」「時間」「人間関係」の中で唯一目に見えるのが、空間の中にあるモノたち。身の回りにあるモノと向き合いながら、自分が何を大切にしているのか、どんなモノに心を動かしてきたのか、その感覚を磨いていきます。

目に見えるところから取り組むから、実際にモノが減ったり、モノを選ぶ基準が明確になったり。変化が目に見えるので、レッスンの成果も実感しやすいのです♡

だからここで重要なのは「自分にとって大切なモノ」をひとつひとつ見極めていくこと♡
もちろんモデルルームのような家が好き！　という方は、そこを目指しても良いのです。
ただ、それを保つにはそれなりの「時間」をかける必要がありますよね。
それが今のあなたにとって大切なことであれば、もちろん片付けや掃除にたくさんの時間を費やすのも「アリ」です。けれど、ライフスタイリングで大切にしてほしいのはあくまでも、**自分にとって心地よい**かどうか。

我が家には、まだ幼い子どもたちがいます。1人暮らしをしていたころ、夫婦2人で住んでいた時には、片付ければ美しく整っていた部屋も、今は気が付けばあっという間に子どもたちが芸術的に散らかしてくれます。
段ボールでつくった作品、描いてくれたカラフルな似顔絵、「ままだいすきだよ」と書かれた手紙が飾られた部屋。スタイリッシュでおしゃれ、ではないかもしれません。でも、それもまた「今の幸せ」だと思っています♡

あなたは今住んでいるその場所で、どんな空間を創りたいですか？
まずはそこから、考えてみてくださいね。

見える世界を整える「スタイリングの極意」

見えるモノをスタイリングする、**最初のステップは「手放す」**です。これは前章でお伝えしたように「好き」でも「必要」でもないモノを手放していく、ということ。手放すモノを決めて、一緒に過ごした時間に感謝して、そして記録をつけていく。コツコツとやっていくと、だんだんとモノが少なくなって、「軽く」なっていくのを感じるはずです♡

また、記録をつけていくと、自分のパターンが見えてきます。

「あぁ、私ってこういうときに買い物すると失敗するんだな」
「安さに惹かれて購入したものって出番が少ないな」

このように傾向がわかってきます。

ある程度の手放しができたら、次は、「**理想を入れる**」というステップです。

「ある程度ってどのくらいですか？」と思った方もいるかもしれませんが、これもあなたの感覚で大丈夫。


ライフスタイリングに「正解」はありません。

大事にして欲しいのは「**あなたがどう感じるか**」ということ♡

たとえばモノが少ないことが心地よい人もいれば、たくさんのお気に入りのモノに囲まれていたい人もいます。

あなたにとっての心地よさは、あなたにしかわからない。

だから他人からみてどうか、ではなく、自分自身の感覚で進めてください。レッスンが進むほどに、この「自分の感覚」がとても重要になってきます。


おすすめはエリアを決めて集中的に手放すこと。

その後、スッキリとしたそのエリアに理想を入れていくと、スピーディーに変化を実感できます。

たとえば、シュークローゼット（靴箱）。

サイズアウトした子どもの長靴がそのままになっていたり、もうしばらく履いていない靴が鎮座していたり、改めてチェックしてみると手放すモノが見つかりやすい場所の1つです。

これまでお世話になった靴たちに、感謝して手放していきましょう。もちろん「これはまだ使えるな」というものは、きれいに整えて、必要な方に差し上げても良いですよね。

スッキリしたら、そこにあなたの「理想」の靴を入れてみましょう♡
理想のあなたに必要な、そして見るだけで「好き♡」と、ときめくような一足。
憧れていたブランドのハイヒール、カラフルなスニーカー、デザインに一目ぼれしたサンダル……、何を入れるかはあなたの自由です。

たとえばわたしは、真っ白なスニーカーが大好き♡　いくら気を付けてお手入れをしても、真っ白なものは時間がたてば汚れていくので、定期的に新しいものに買い替えています。

シュークローゼットにピカピカのスニーカーが並んでいるのを見ると、自動的にときめきます。

そう、このときめく感覚が、理想を入れた後に忘れてはいけない、とても大事なポイント！

「手放す」「理想を入れる」この後にしていただきたいのは……

「味わう」ことです♡

たとえば靴箱をみて、「お気に入りばかりが並んでいて、なんて気持ちが良いのだろう♡」と感じたり、実際に手に入れた靴を履いて「やっぱりこの靴素敵だな♪」と、キュンとしたり、繰り返し感情を味わってみてください。

この自分の感情をしっかりと味わうこと。ここがライフスタイリングの目的地。

手に入れたモノが、手に入れた後もあなたを豊かな気持ちにさせてくれるモノだったなら、そのモノを手に入れたことはあなたにとって、大正解！

この「味わう」を繰り返すことで、新しい何かを手に入れるときの感度が磨かれていきます。

見えない世界のスタイリングは「空気」から

手放したり、理想を取り入れたり、見えるモノはわかりやすいかもしれませんが、見えない世界となるとどうなるでしょうか？

見えないモノも、基本的には同じ考え方です。必要でないモノを手放して、新しいモノをいれて、味わうだけ♡

ちなみに、誰にでもすぐにできて、わかりやすくて、かかるコストもゼロ！　なのは、「空気」です。

身近な存在過ぎて普段は気にも留めていない人が多いけれど、空気が「ある」からわたしたちは生きていけるのですよね。しかも無料でいくらでも、そこら中にある。かなりありがたい存在です。


空気のスタイリングは、超シンプル。朝起きて、窓をあけて新鮮な空気を入れて、ゆっくりと深呼吸。想像しただけでも、気分が良くなりませんか？　これも、立派なライフスタイ

リングです♡

部屋の中に観葉植物を置くのもおすすめです。植物自体はもちろん「目に見えるモノ」ですが、二酸化炭素を取り込み空気中に酸素を放出してくれるので、見えない空気をキレイにしてくれる効果があるからです。

その他、見えない「気」の世界を整えていく方法としては、お掃除をしたり、お香やルームフレグランスなど「香り」を使ったり、好きな音楽を流したり、専門的なところになると「風水」など、様々なものがあります。

あなたにとって優先順位の高いモノから、ぜひ取り入れてみてくださいね。

音楽教室に届いた「未来からの贈り物」

レッスンを受講してくださったHさんは、自宅の一部を使って音楽教室をひらいていています。子どもたちが集まる、アットホームなお教室。学校帰りでおなかをすかせた子どもたちにお手製のおにぎりをふるまうことも。

そんなHさんの長年の悩みは、片付かない部屋があること。というのも、その部屋の中にあるモノたちの多くは、大家さんの私物だったのです。勝手に片付けるわけにはいきません。だから最初にライフスタイリングレッスンで空間の話を聞いたときも、「空間には手が付けられない」と思ったそうです。自分の力では、どうにもならない。

けれど、レッスンが進む中で理想の空間をイメージしてみると、やっぱりその部屋が気になる……。そのうち、「本当にどうにもならないのかな？」と思い始め、「そうか、まずは大家さんに聞いてみよう！」と、思い付いたHさん。

早速連絡してみると、拍子抜けするほどあっさり「（片付けて）良いですよ」と許可が下りたそう。

そして、手放して部屋を整えた数週間後のことです。

なんと、音楽教室にグランドピアノを譲っていただけるという話が舞い込んだのです！

もちろんHさんは喜んで譲り受け、今では子どもたちが本格的なグランドピアノに触れられるようになりました。

「もし片付けができていなかったら、置き場所がありませんでした。手放したら理想が入るって本当ですね」そう、Hさんはしみじみ語ってくれました。

理想の空間を先取りして味わう経験をしよう

今あるものと向き合いながら、いわゆるお片付けで心地よい空間づくりを行うのも空間のスタイリングですが、もう1つおすすめなのは、「**理想の空間を先取りして味わう**」こと♡

今はインターネット上で、ありとあらゆる情報にアクセスできる時代になりました。エジプトのピラミッドも、スペインのサグラダ・ファミリアも、たとえ行ったことがなくても頭の中に映像が浮かびますよね。

でも、「知っている」と「行ったことがある」は全然違います。

もう少し言えば、「行ったことがある」と「慣れている」も全然違う。

実はわたし、ホテルのスイートルームが嫌いでした。正確にいうと、「スイートルームに集まっている起業女子が嫌い」だったのです。「なんで、わざわざ高いスイートルームに集まるの？　わざわざそこにお金かけなかったら、もっと参加費安くできるんじゃない？」なんて思っていたくらい（笑）。

でも、それがいともあっさり覆ったのは、とあるビジネス合宿にて。「空間は大切ですから」と、メンターの方がホテルのスイートルームを予約してくださっていたのです。「そこでみんなで話しましょう」と言っていただき、チェックイン後部屋に伺ってみると……。

それはもう、驚きました。ものすごく気分が良いのです（笑）。

広い空間、こだわりの調度品、気品ある佇まいのソファ。そこにいるだけでウキウキとしました。そして気が付いたのです。

「わたしは**ただ、知らなかっただけ**」だと。

それから、こんなことも。新幹線で出張に出かけたときのことです。ふと「グリーン車に乗ってみよう」と思いついて、人生で初めてグリーン車に乗ってみました。

起業仲間が「わたしは空間を大事にしたい」と言っていたのを思い出し、移動するときも、空間にお金を払ってみよう、というちょっとした、いえ「新幹線は移動できればいいよね」と思っていたわたしからすれば、けっこうな挑戦。

ただ、その時の感想は……、正直「よくわからない」という印象。先のスイートルームと違って、明らかな違いはあまり感じられなかったのです。

座席がちょっと広くて、おしぼりがもらえるのがグリーン車、という程度の認識でした（笑）。だから、別にわざわざ高いお金を出して乗らなくてもいいのかもしれない。初回は、そう感じました。

けれど、あれから約1年が経ち、今ではグリーン車を愛用しています。特に長時間の移動のときほど、グリーン車を取るようにしています。

何度か繰り返して経験する中で、徐々に「違いがわかる」ようになってきたのだと思います。たしかに比べてみればシートは座り心地が良く、ゆったり。基本的に車内は静かで、リラックスして道中を楽しむことができます。

県外出張が増え、毎週のように新幹線に乗るようになった今日このごろ。もちろん今でも普通の指定席に座ることだってありますが、しっくりくるのはグリーン車だな、と感じています♡

「知っている」と「行ったことがある」は全然違います。

「行ったことがある」と「慣れている」も、全然違う。

人は、経験していないものはイメージできません。自分がどんな空間が心地よいのかを知るためにも「食わず嫌い」をせずに、いろいろと試してみませんか？

価格は高ければ高いモノほど良いモノなのか？

さて、「スイートルーム」とか「グリーン車」なんて聞くと、「結局お金をかけた方がいいってことなの？」と思った方もいるかもしれません。というか、5年前くらいのわたしが読んでいたら、間違いなくそう感じたと思います（笑）。

しかし、決してそうではありません。あくまでも**大事なのは、「あなたがどう感じるか」**です。たとえば住む場所も、マンションの高層階に住みたい人もいれば、古民家をリノベーションしたい人もいます。何が心地よいかは人それぞれですよね。

ただ、高級なモノというのは、一般的に多くの人に「大切」に扱われてきているため、波動（エネルギー）が強いのだそうです。そういう意味で、成功者と言われる方たちが、ブランド品を身にまとったりするのは、その波動の力を味方につけている、と言えるのかもしれません。

そうはいっても、なんでもかんでも高級品を……、というわけにはいかない方におすすめなのは、「シェア」という考え方です。

今や、世の中にモノがあふれる時代。所有するのではなく、共用するシェアリングサービスがどんどん広がっています。わたし自身もこれまでに、洋服、バックなどファッションアイテムから、車にオフィスといった大きなモノまで、様々なシェアサービスを利用してきました。

ＳＤＧｓ（持続可能な開発目標）といった視点からみても、モノをどんどん消費するよりも、自分にとって大切なモノをきちんと選び取ること、そして大切に使うことが「やさしい世界」につながると思っています。

「欲しいものリスト」をつくって頭の中を可視化する

ではここからは、できるだけムダなモノを買わず、自分にとって大切なモノを手に入れる、「自分にやさしい」お買い物をするための考え方をお伝えします。

「ついつい要らないモノを買ってしまう」「気が付いたらモノが増えている」という方に、おすすめなのは「欲しいものリスト」をつくること。

まずは、今欲しいものを具体的にリストアップしてみてください。この「欲しいものリスト」が、なかなか侮れないのです♡

大学時代につくったわたしの「夢ノート」は、さながら「欲しいものリスト」でした。限られた仕送りとアルバイト代は、生活費と交際費、それから当時好きだったお洋服に消えていく日々。なかなかお金の余裕がない生活だったので、欲しいと思ってもすぐに購入できるわけではありません。

そんな状況でも、百貨店の婦人服売り場でアルバイトをしていたこともあり、毎月5冊は雑誌を買い込んで、トレンド研究には余念がありませんでした。そして、「これがかわいい♡」「これも欲しいな」と物欲を刺激されていたものです。

雑誌をせっせと切り抜いては「夢ノート」に貼りつけていたのですが、半年ほどたったころ、ハッとしました。

最初のページに書いてあったのは、「シャネルのバッグ」。実はこれは、実際に『夢ノート』に一例として載っていたアイテムでした。流行に左右されず、ずっと使えそうなシャネルのチェーンバッグ。本を読んだときに、「素敵！　わたしも欲しい！」そう思って書き留めていたのですが、それを手に入れるための行動をこの半年間、何もとっていないことに気が付いたのです。

確かに素敵だと思ったのに、どうして行動できないのだろう？

そう考えてみて至ったのは、「わたしはシャネルのバッグが欲しいわけじゃない」という結論でした。

女性をコルセットから解放したココ・シャネルの功績や生き様には興味があるけれど、別にシャネルのバッグが欲しいわけではなかったのです。

つまり、「好き」だと心は動いたけれど、わたしにとって「必要」ではなかった。

「欲しいものリスト」をつくるだけで、自分の頭の中が可視化されます。そして、紙の上で見えるから、「どれから手に入れようかな？」と比較検討することもできるし、今回のケースのように「そもそも本当に欲しいかな？」と考えることもできます。

結局わたしは今でもシャネルのバックは持っていません。けれど、展示会や映画など彼女の人生に触れられる機会があれば、積極的に出かけていきます。

ココ・シャネルが、コルセットで締め付けられていた女性の身体を解放したように、わたしは女性の心を解放し、自由に生きる女性を増やしたい。だから彼女の生き様に惹かれるのだと思います。

高いから、ブランドだから価値があるのではありません。

買った後の後悔を減らす「理想のお買い物」方法

自分にとって価値があるかどうかを決めるのは、自分の心です♡

ムダなものを手放した後、「理想を入れる」という段階では新しいモノを購入する方も多いと思います。そんなとき、あらかじめ用意した「欲しいもの」リストはとても便利です。

そのうえで、買った後の後悔を減らす「理想のお買い物」のポイントは、次の2つです。

① **なんとなく購入するのではなく、「必要」なときだけ購入する。**
② **必要なものであっても、「好き♡」だと心が動いたときに、購入する。**

この2つを守れると、自然と「好き」で「必要」なモノ、つまり大切なモノを手に入れることができます。

ちなみに、少し上級編にはなりますが、さらにおすすめなのが「**値段を見ずに購入する**」こと。

お金は生きていくうえで、基本的に必要不可欠なものですよね。だから、ついコストパフォーマンスを考えて、予算に応じて買い物をしている、という方も多いかもしれません。けれど、ライフスタイリングの判断基準は「好き」（欲しい）かどうか、それから「必要」かどうかです。予算は関係ありません。

たとえ何円であっても「好き！」と思えるものを購入するというのは、「**自分の心に正直に決める**」とても良い練習です。

知って得する！「お金のスタイリングレッスン」

ここで少し、お金について、お話しします。お金もモノですから、空間の仲間です。大切に扱うためにも、「お金のスタイリング」は大事です。

といっても、お金のスタイリングは、空間のスタイリングと基本的に一緒。

感謝して手放す、（そのお金と交換した）理想を入れる、そして（手に入れた豊かさをしっかりと）味わう。

基本は、これだけです♡

そして、お金を大切にするための考え方は、ライフスタイリングの３つのルールの中にあります。

①「ある」にフォーカスする

お金があることにフォーカスします。今ここに生きているということは、生きていくためのお金がなんとかなってきたから。お金がある、という事実を見ましょう。「お金がない」は禁句です（笑）。

②「足し算」で考える

入ってきたお給料から、家賃を払って、光熱費を払って……、そうやって考えてしまいがちですが、これだと「引き算」ですよね。そうではなくて、「家賃が払えた」「光熱費も払えた」というように、支払ったお金を足し算で考えていきましょう。クレジットカードなどの請求書も、足し算で考えます。

③　**まるまるマル**

お金を使うときも、この全部にマルをつける考え方はとても重要です。あとから「これ、もったいなかったかも」「なんでこんなことに使ってしまったんだろう」と思ってしまうことが、とてももったいないです。使ったことに、まずマルをつけてあげましょう♡

「何を買うか」より「誰から買うか」が重要

お金を使うとき、わたしが大切にしていることがあります。それは、**「何」を買うかよりも、「誰」から買うか**、ということ。

モノがあふれている時代だからこそ、自分にとって何が心地よいかを選ぶことが大事です。そして、「**好きな人から買わせていただく**」というのはとても幸せなことだな、と思うのです。

そういう意味でも、「コミュニティの中で商品を売ったり買ったり」することを、わたしは推奨しています。たまに「コミュニティの中で商売しようとする人がいたら、場が荒れませんか？」なんて心配されることもありますが、これまでに大きなトラブルが起きたことは一度もありません。

もちろんトラブルが起きないような仕組みもつくってはいますが、そもそもコミュニティに入って、いきなり売ろうとしても、売れないからです。まずは人間関係を育み、「素敵な人だな」「そんな想いがあるんだな」と知ってもらうことが大事。

お金が動き始めるのは、その後です。

当時勤めていた百貨店で最初にコミュニティを始めたときも、まったく同じでした。最初から何かを売るのではなく、社員であるプロジェクトメンバーと、お客様であるコミュニティメンバー同士がまず仲良くなる場所を創ることに力を注ぎました。

お互いのことを知り、商品への熱い思いに触れることで、信頼関係が育まれた結果、「こんにちは♪」とお客様が店頭に来てくださることが増え、自然に買っていただく機会が増えていきました。

買わせていただく側からしても、「はじめまして」ではない方から購入できるのは、とても安心感がありますよね。

自分の大切なお金を大切な人にお渡しして、大切にしたいモノを手に入れる。

これが、ライフスタイリング的に、最も賢いお金の使い方です♡

第3章

Wrap-up

- まとめ -

♡ 空間は「目に見えるモノ」と「目に見えないモノ」で出来ている。

♡ 空間のスタイリングで目指すのは、「自分にとって大切なモノに囲まれた空間を創る」こと。

♡ モノが少ないのが「正解」ではない。自分の「心地よさ」を選び取ろう♡

♡ 理想をアップデートするために、非日常な空間を味わってみよう。

♡ 価値があるかどうかを決めるのは、値段ではなく自分の心。

♡「誰から買わせていただくか」にこだわると、ストーリーのある暮らしにつながる♡

第4章

理想の毎日を手に入れる「時間のスタイリング」

Lifestyling

10歳から手帳を使う「時間術オタク」な小学生

「空間」に続いて次に取り組むのは、「時間」のスタイリングです。
時間の使い方に自信はありますか？
安心してください、今は自信がなくても大丈夫です♡

「空間」「時間」「人間関係」、ライフスタイリングの要素の中でも、わたし自身が最も興味関心があり、長く取り組んでいるのが本章でお届けする「時間」です。

これまでに時間管理講座やマンツーマンのコンサルティングもしてきました。また現在では手帳を使って「未来の自分を迎えにいく」コミュニティ、「手帳のＧＡＫＫＯ」を運営しています。

「**時間は命**」はわたしの口癖の１つでもあります。

そんなわたしが

「ブログもメルマガも毎日欠かさず書いています」

と言うと、

「コツコツ何かを続けることが得意なんですね」

「時間をどうやって作っていますか？」

なんて言われますが、実は元々はまったくそんなことはないのです。

思い返せば「時間」というものを最初に意識し始めたのは、まだ小学生のころ。夏休みに配られる「夏休みの友」に「1日の過ごし方」を書く欄がありました。

何時に起きて、何をするのか自分で決めて書くそのページに、異常なまでにワクワクしたわたし。とびきりの「理想の1日」を書きあげました。

朝は6時に起きて、ラジオ体操に参加。午前中に宿題をして、もちろんお手伝いもします。当時習っていたピアノは、午前、午後とのべ3時間くらい練習時間を確保しました。なんとも立派な計画です。

書き上げて、丁寧に色まで塗ったそのページを眺めました。

「こんな1日が過ごせたらきっと最高の気分だろうな」

想像しただけで誇らしい気持ちになったのを覚えています。

その後、夏休みを迎えたわたし。実際に計画通りに生活したかというと……、そんなわけないですよね（笑）。

ピアノの練習は両親と約束したノルマの1時間をこなすのがやっとでしたし、朝寝坊もしました。計画通りにしていれば、7月中に終わっていたはずの宿題も8月末に必死でやることに。

全然、計画通りにうまくいかなかった。

時間は誰しもに平等に与えられているはず。けれど、上手に使えるかどうかで、結果が変わってしまう。小学生のころのわたしは、時間の使い方があまりにも下手でした。

過ぎ去った時間は返ってきません。

夏の終わり、宿題の山と格闘しながら小学生ながらに時間の大切さを学んだ夏。
どうしたらもっと、時間を上手に使えるようになるのだろう？
これが、わたしが目に見えない「時間」の使い方に夢中になったきっかけです。

時間管理の話になると「計画倒れになってしまう」は、とてもよくあがるお悩みです。よくあるのが、小学生時代のわたしのように「理想を詰め込みすぎて」失敗するパターン。また、「どうせ計画通りにはできないから」と最初からあきらめてしまっている方も多いです。

わたしは「時間をもっと上手に使えるようになりたい！」と、10歳のころから手帳を使うようになりました。それから30年間かけて取り組んできた時間のスタイリングについて、本章ではお伝えしていきます。

時間が上手に使えない最大の理由とは

なぜ小学生だったわたしは立てた計画通りに行動できなかったのでしょう？
計画を立てたときには、確かにワクワクしていたというのに。

理由はシンプルです。そして、これは幼いころから何度も両親から「これが紗絵子の欠点だ」と言われてきたところ。

楽しいことが目の前にやってくると、やるべきこと、やらなければならないことが手につかなくなってしまう。わたしには「**楽しいことに夢中になる**」という特性がありました。

たとえば両親とスーパーに行けば、お菓子売り場に一目散に走っていく。
楽しみにしている「子ども劇場」の日は、宿題が手につかない。
とにかく楽しみを先にとっておくことができなかったのですよね。

『ライフスタイリング 理想の未来を迎えにいく魔法』

読者限定無料プレゼント

本書をお買い上げ下さりありがとうございます。
本書の内容をより深く理解していただくために
５つの読者プレゼントをご用意しました♡

特典1 動画セミナー「夢中をひらくSET UP 3DAYS」

「過去を振り返る」「未来につながる」「今、扉をひらく」ライフスタイリングメソッドをベースに構成された動画セミナー。

2022年、3日間でのべ300名以上が受講し大反響だったセミナーをお届けします。

特典2 「空間のスタイリング」21日間シート

記憶に頼らず記録したからわかることがあります。
要らないものを手放し、感情を記録することで、
ムダな浪費がみるみる減るはずです♡

特典3 「時間のスタイリング」理想の時間割シート

あなたにとって妥協のない、理想の生活とはどんなものでしょうか？

実際にイメージするだけでなく、紙の上に見える化することで「リアルな感情」を味わうことが出来ます。目に見えるところに貼っておくのもおすすめです。

特典4 実録！「夢リスト」500

「夢とかやりたいこととか、なかなか自分では思いつかない・・・」

というあなたに。実際に大人になった女性たちがどんな夢を描いているのか、リスト化しました。眺めてみると意外な夢を「思い出す」かもしれません。

特典5 「人生を変える！」おすすめ書籍TOP10

小さい頃から本が大好き♡菱田紗絵子おすすめ書籍を超厳選してご紹介します。

人生のターニングポイントで出逢った本、３冊は常備し繰り返し読んでいる本、折に触れて人に紹介する本など、ぜひ読んでいただきたい本を集めました。


公式LINE登録で「5大特典」を無料で入手できます。

プレゼントを受け取るには合言葉「**夢中**」とお送りください♪

LINE

スタンフォード大学で行われた、「マシュマロテスト」という実験があります。４歳の子どもの前にマシュマロを置き、「今食べてもいいけれど、15分間待つことができたらもう１つもらえるよ」と伝えて、我慢できるかどうかをテストするもの。結果は４人に１人が我慢することができたのですが、その後の追跡調査で我慢できた子どもたちのほうが、学力が高く、成人してからも高収入だったそう。

わたしがテストされていたら、間違いなくマシュマロを食べてしまったと思います（笑）。

けれどそれが「普通」です。実際、この実験でもマシュマロを食べてしまう子どもたちのほうが多かったわけですから。

自分がたてていた計画よりも「楽しい」ことがやってきたとき、わたしの意志はいとも簡単に翻ります。

「楽しいことに夢中になってしまう」

あなたはどうですか？　自分で決めた目標、立てた計画があっても、目の前の「楽しい」に流された経験がある方、多いのではないでしょうか。


最初はこれを「どうにかしなくては」と思いました。

楽しいことに流されていてはいけない、マシュマロを食べずに我慢できるような「自制心」を育てなければ、と思ったわけです。

やらなければいけないことができる自分になりたい。

そのために、時間をもっと上手に使えるようになりたい。

けれど、それは誤解でした。

「時間」という見えないモノを見ようとして、手帳に向き合い続けてきて、そしてわたしが出した結論があります。

人生は楽しいことに夢中になってよい

それは、「**楽しいことに夢中になれるって幸せ**じゃないか！」というものです（笑）。

そう、「楽しいことに夢中になることがダメ」ではなかったのです。

問題は、目の前の楽しいことを優先した結果、「後で楽しくない時間を過ごさなければいけないこと」でした。

子どものころのわたしだったら、「両親に小言を言われる」とか「遊び疲れているのに、宿題をしないといけない」とか、そういった時間は楽しくない時間でした。

そこで、わたしが考えたのは……、**24時間「ずっと楽しい」が続くための、時間との向き合い方**です。

想像してみてください。

朝起きてから、夜眠るまで「ずっと楽しい！」が続く毎日。これが、時間のスタイリングによって、あなたが手に入れられる世界です♡

手帳はそのために使うツール。あなたを縛るものではなく、もっとあなたが「楽しい！」時間を過ごすために時間をデザインできるのが、手帳なのです。

もちろん個人差はあります。けれど、これまで手帳を使った時間との向き合い方をたくさんの方にお届けしてきました。伴走サポートをさせていただいた方は、100％変化しています。

今、あなたがどんな日々を過ごしていても、大丈夫。

一緒に時間をスタイリングしていきましょう♡

自分にやさしい時間の使い方チェックリスト

ではここで、時間のスタイリングが「できているAさん」と「できていないBさん」の特徴をそれぞれご紹介します。今のあなたは、どちらに近いですか？

〈時間のスタイリングができているAさん〉

□ 基本的に朝から晩まで元気

□「楽しい」「嬉しい」「幸せ」が口癖

□夢や目標、「こうなりたい」と描く理想がある

□夢中になれることに、時間を使えている

□手帳に自分との約束が書いてある

〈時間のスタイリングができていないBさん〉

□「時間がない」が口癖になっている

□子育てや仕事など、目の前のことに追われている

□寝る前はぐったり疲れてしまっている

□「やりたいこと」がない、もしくはあっても時間がとれない

□手帳に書いているのは、誰かとの約束ばかり

チェックが多く入ったのはどちらでしょうか？　AさんとBさんの時間の使い方の一番大きな違いは、「**自分のために時間を使えているかどうか**」です。

つまり「自分にやさしい」時間の使い方ができているかどうか、というのがポイントです。

また、時間の使い方を上達させるために「何をすればいいですか？」とよく質問されますが、「**何をするか」よりも大事なことは、「どんな状態でするか**」です。

時間のスタイリングができるようになると、自分にとって大切な時間で満たされた日々が手に入ります。自分に集中できるので、他人のことがあまり気にならなくなってきます。

時間は命。時間の使い方は、命の使い方。

あなたにとって大切なことに、命を使っていきましょう♡

時間が「ある」世界にワープする驚きの方法

「そうはいっても、正直今は時間に余裕がなくて……」
「子どもが小さいので、自分の時間なんてないです」
そんな方もいらっしゃると思います。そこでまず、スタイリングに入る前にあなたの時間を「見える化」していきましょう♡

1日は24時間です。そしてここからまず、生きていくうえで最も大事な時間を確保します。

そう、生きるために最も大事なのは、「睡眠」時間。まず、7時間確保します。

アメリカで100万人をこえる成人を対象に行われた睡眠に関する調査結果によると、**最も長生きできるのが、7時間睡眠**。「そんなに寝てません」という声があがりそうですが……、睡眠はできるならば削って欲しくない非常に大切な時間です。7時間を確保することが簡単ではなかったとしても、「最低限これだけは確保したい！」という睡眠時間はぜひ確保してください。

次に、「働く」時間。わたしの周りには子育てをしながら働くワーママさんが多いのですが、平均すると1日8時間くらい働いているようです。

それから、移動にも時間がかかりますよね。こちらは個人差がありますが、通勤片道30分で計算すると、合計1時間。

最後に、家で行う家事や育児の時間も入れましょう。ご飯をつくったり子どもにご飯を食べさせたり、お風呂に入ったり、こういった時間が1日4時間だとします。

さて、睡眠、仕事、移動、家事育児の時間を除くと、残り時間はどのくらいあるでしょうか？

24時間 − 睡眠（7時間） − 仕事（8時間） − 移動（1時間） − 家事育児（4時間） ＝ ？

正解はそう、「4時間」です。

講座などでこの話をすると、ほとんどの方が「えぇ？」と驚きます。

もちろん個人差はありますが、多くの方がこれよりも睡眠時間だって、家事の時間だって「短い」と感じているのです。

まして、これらを除いて自分の自由になる時間が1日数時間もあるなんて、思ってもいない方が多いです。

「この4時間は何をしていますか？」と尋ねたとき、明確に答えられる方はほとんどいません。

でも少し考えてみれば、思い当たる時間があるはずです。それは、テレビを観ている時間かもしれないし、スマホを触っている時間かもしれません。いずれにしても、毎日無意識に、4時間という時間が溶けているのです。

1日は24時間。4時間といえば、1日のうち、6分の1です。

これは、大問題ですね。


でも、安心してください。

これまでは、意識していなかったから気が付かなかっただけ。気が付くだけで、変化はすでに始まっています。

わたしたちには時間が「ある」のです♡

時間を整えていく「基本の4STEP」

時間のスタイリングの流れは、基本的に空間とまったく一緒です。
要らないモノを手放して、理想を入れて、そして味わう♡
では、誰にでも簡単にできる時間のスタイリング、基本をお伝えします。

①　楽しくない時間を「具体的」に書き出す

まずは、現在「していること」の中で、楽しくないなと感じる時間を書き出してください。書き出すときに大事なポイントは、「**自分の心に素直になる**」こと。

たとえば、掃除がストレスなら「掃除」と書いたら良いのです。

そして、できれば「掃除」の中でも特に楽しくないところはどこか、具体的に書きましょう。


「食器を洗うのがいや」

「ガスコンロにこびりついた汚れを落とすのにイライラする」

「子どもが脱ぎ散らかした靴下を拾うのがストレス」
「毎日掃除機をかけるのが大変」
などなど、自由に書いていきましょう。

ちなみに、これを書き出すときに、なかなか書けない方は、そもそも自分がどのようなことに時間を使っているか把握していない可能性が高いです。そのような場合はまず数日間、手帳に記録をとってみることをお勧めしています。

②　手放す時間と、手放し方を「1つだけ」決める

いろいろ書き出せたら、あれもこれも一気にしたくなるかもしれませんが、それはおすすめしません。１つずつが基本です。

たとえば先ほどの例で、掃除の中で特に負担を感じているのが「毎日掃除機をかけること」だったとします。

けれど、毎日掃除機をかける必要って本当はないのかもしれません。「毎日かけなくてもいいかも」と思えたなら、それを手放してみましょう。

③ 空いたスペースに、理想を入れる

さて、掃除機をかける時間を手放しても、その時間に「何をするか」を決めていなければ、せっかく手に入れた時間もなんとなく過ごしてしまい「あれ、何してたんだっけ？」と後から思い出せない時間になりかねません。

それではやっぱりもったいないですよね。せっかくならば手放した時間で「やりたい！」と思える「楽しいこと」をしましょう♡

これをしなければいけない、ということはありません。

「買ったままになっている本を読みたい」
「コーヒーを豆から挽いて、ゆっくり飲みたい」
「大好きなアーティストの曲を聴きたい」

などなど、あなたの好きなことをあらかじめ予定に入れておきましょう。

このときに使ってほしいのが、手帳の週間ページです。

特に**時間軸が縦にレイアウトしてあるバーチカルタイプの手帳がおすすめ**！　いつどのく

らいの時間をかけるのか、**見えない時間を「見える化」するにはぴったり**の手帳です。ひらいたときに「楽しみ！」と心から思える、自分を喜ばせる理想の予定を書き込みましょう。

④　理想をしっかりと味わう♡

そして次にしてほしいのは、「味わう」ということです。

これは普通に考えると、「実際に行動するときにしっかり味わってくださいね」という意味だと受け取られると思うのですが、実はそれだけではありません。

もちろん、行動している最中に、「楽しいな」「幸せだな」と感じたり、あるいは目の前のことに集中して、いわゆるマインドフルネスの状態になるということも時間を「味わう」ことです。

でも時間は、実はそこだけにとどまりません。味わうタイミングは、「**未来**」「**現在**」「**過去**」と全部で3回。そして幸せな人はこの3回を、とても上手に深く味わっています。

かなり重要なポイントになるので、もう少し詳しく説明させてください♡

幸せな人ほど「3種類の時間」をとことん味わっている

最初に味わうのは、まだ理想の予定が「未来」のときです。先ほど説明した「理想を入れる」タイミングで、自分の本当にやりたいこと、楽しみなことを予定に書き込んだ後に、イメージしてみてください。

「それができたら、わたしはどんな気持ちになるだろう？」

「どんな展開になったら、最高だろう？」

自分に問いかけて、イメージを膨らませます。このときに大事なのは、ワクワクしたり、ドキドキしたり、ほっとしたり、「心が動く」こと。

頭で考えるのではなく、心で感じる。そしてその感情を先に味わってしまう♡

よく、プロスポーツ選手がする「イメージトレーニング」と同じです。

未来の感情を先に味わうことで、「こうなったらいいな♪」というイメージが「きっとこうなる」という確信や、「こうしていこう」という決意に変わっていきます。

次に味わうのは、理想の予定が実現したときです。

このときは、とにかく思いっきり味わいましょう。目の前に集中して、できるだけ気を散らさないこと。その瞬間を楽しむこと。

もしかすると、事前にイメージしていたのとは違う感情になるかもしれません。「思ったより楽しくないかも」と思ってもよいのです。**自分がどのように感じるのかを素直に味わう**時間です。

そして最後に味わうタイミングは、その予定が「過去」になったとき。実際にしてみてどう感じたのか、ここでも大事なのは自分の気持ちです。

おすすめは簡単でもいいので、日記をつけてみること。今日何をしたかの記録ではなく、「どんなことに心が動いたか」という記録です。

「こんなことを書いてはダメ」は、ありません。自分の感情を素直に綴ります。

ただ、その時も思い出してほしいのは、ライフスタイリングの3つのルールです。

①「ある」にフォーカスする

②足し算で考える

③　まるまるマル

このルールにそって書くと、自分にやさしい日記を書くことができます。

たとえば、こんな感じです。

「今日はずっと会いたいと思っていた○○さんに会いに行けた！　でも、会ってみたら緊張して全然上手に話せなかった。やっぱりわたし、人見知りなんだなぁ。せっかく勇気を出して行ったのに、もったいない。何がもったいないのだろう？　チャンスを活かせなかったからかなぁ。でも、この先どうなるかはわからないし、これまで動けなかったのに今回は会えたことがすごいことかも。勇気出せたし、行動できたわたし、えらい！」

今日はずっと会いたいと思っていた○○さんに会いに行けた！　でも、会ってみたら緊張して全然上手に話せなかった。
「ある」にフォーカスする

①　「ある」にフォーカスする↓「ずっと会いたかった人に会いに行けた」

②　足し算で考える↓「これまで動けなかったのに今回は会えた」「勇気出せた」

まるまるマル

やっぱりわたし、人見知りなんだなぁ。せっかく勇気を出していったのに、もったいない。なにがもったいないのだろう？チャンスを生かせなかったからかなぁ。

足し算で考える

でも、この先どうなるかはわからないし、これまで動けなかったのに今回は会えたことがすごいことかも。勇気出せたし、行動できたわたし、えらい！

③ まるまるマル↓「上手に話せなかった」「チャンスを活かせなかった」

要らないモノを手放して、理想を入れて、そして味わう。

これを繰り返すことによって、徐々に時間の使い方が変わってきます。

たとえるなら、濁ったお湯が入っているバスタブの栓を抜いて、少しずつ濁ったお湯を抜きながら新しいお湯をいれていくようなイメージ。

お湯が透き通るまでには、ちょっと時間がかかります。

時間の使い方は、これまでの癖や習慣によるものが多いので、新しい習慣をインストールする必要があるからです。

焦らずコツコツ、自分にやさしく！　時間をかけて取り組んでいきましょう♡

最短最速で「理想の毎日をデザインする」方法

ムダなモノを手放し、理想を入れて、味わう。

ここまで時間のスタイリングの基本をお伝えしてきました。ここからはさらに「より確実に、できればスピード感をもって理想の未来を迎えに行きたい！」という方のための応用編。

わたしが20年間続けている「理想の毎日をデザインする」方法をお伝えします♡

キングオブ自己啓発本ともいわれる『7つの習慣』（キングベアー出版、1989年）では、「終わりを思い描くこと」の重要性が説かれています。そして、「自分の葬儀を思い描くこと」が推奨されています。やってみたことがある方もいるかもしれません。

実際にわたしも、葬儀の場面を思い描き、自分の人生にとって何が大切なのか、考えたことがあります。一度ではなく、何度も取り組んでいるほど、大好きなワークでもあります。いつも浮かぶイメージは、真っ白な教会のような場所。たくさんの子どもたちが集まり、出席者たちはとても和やかで、そして子どもたちがかわいらしい歌声を響かせる、あたたかなお葬式。献花台には色とりどりの花が捧げられています。

たくさんの人に愛されたであろう晩年を想像すると幸せな気持ちになるし、こんな終わりを迎えられたらいいな、そう感じます。


ただ、こうも思うのです。

……ちょっとゴールが遠いな、と（笑）。


『7つの習慣』を初めて読んだのは、まだ20代に突入したばかりのころでした。予定では100歳まで生きるつもりだったので、約80年の道のりは果てしなく遠く感じられました。

そこで理想の時間をデザインする方法として始めたのが、「**10年後の終わりを描く**」こと。ノートをひらき、「どんな場所に住みたいか」「どんな人たちと過ごしているか」「どんな時間の使い方をしているか」想いのままに、描いていきました。

そして、そのゴールを実現するために、「今何をするか」を手帳に書き、行動するようになったのです。

「なぜ10年後なの？」と思う方もいるかもしれません。

もちろん10年後でなくてはいけない、というわけではありません。3年後でも5年後でもいいのです。

ただ、わたしのおすすめは10年です。遠すぎず近すぎず、自分の実現したい未来をあれこれ描くのにぴったり。それだけあれば、できるだけ**制限をかけず理想を描く**ことができます。

たとえば今子どもが0歳だったとすると、10年後は10歳。今すぐあれこれ動くことはできなかったとしても、10年先にはある程度自由に動ける未来が見えてきます。

また、女性は男性よりも「適齢期」が存在します。高齢出産が増えてきているとはいえ、子どもを産みたいと思うのであれば30代くらいまでに出産できる環境を整えた方がよいですよね。

10年先を見据えることによって、少し先まで描くことで妙な焦りが消えたり、自分の中での優先順位が見えてきたり。これが、わたしが10年単位で未来を描くことをおすすめする理由です。

理想の未来を迎えにいく時間割をつくろう

ではここで、ワークです。

理想の10年後を描く前に、まずすること。それは「現在地点」の把握です。車のナビで目的地を設定しても、「今どこにいるか」がわからなければ、目的地にはたどり着きませんよね。

それでは手帳やノートをひらき、次の4つの質問に順番にお答えください！

①「空間」「時間」「人間関係」それぞれの現状を書き出す

あなたが今住んでいる場所はどんな空間ですか？　お気に入りの場所はどんなところで

しょうか？　周りにはどんな人たちがいてくれますか？　今の時間の使い方はどうでしょうか？　感じていることを、素直な言葉で書き出してみてください。

②「空間」「時間」「人間関係」それぞれの要素の、理想を書き出す

10年後、あなたは何歳になっていますか？　あなたの家族は何歳ですか？　どんな空間に住み、どんな人たちが周りにいて、どんな時間の使い方をしているでしょうか？　あなたはどんなライフスタイルを送っているでしょうか？　できるだけ具体的に、そして最高に幸せな状況をイメージして描いてみてください。

③10年後の理想の1日を描く

10年後のあなたは、どんな1日を過ごしているでしょうか？　1日のスケジュールを書いてみましょう。ワクワクしながら自由に描いて大丈夫です。手帳の使っていないページ使うのもおすすめです。あなたにとって、理想を叶えた先に手に入る最高の1日とはどのようなものでしょうか？

④10年後の理想を実現するために、「今すぐできそうなこと」は何ですか？

「現在」と「10年後」、それぞれ書き出すことができたら、2つを見比べてみましょう。どのくらいのギャップがあるでしょうか？　特に差があるところは「空間」「時間」「人間関係」どの項目でしたか？　10年後の理想を叶えるために、今すぐできることは何でしょうか？

未来を描くポイントは、とにかく「具体的」に！　10年後を具体的に描けば描くほど、現在地点とのギャップも明確になります。

理想を叶えるために今すぐできる習慣はなんですか？

ワークをしてみていかがでしたか？　理想を描くことによって、10年後の「終わり（GOAL）」が明確になりますよね。そして、その**10年後を実現するためにできる行動を「今」すること**。これがとても重要です。

つまり、日常に**「未来を迎えにいく」行動を、習慣として取り入れる**というわけです。

たとえばわたしは、今毎日ブログを更新していますが、それもわたしにとっては、未来を迎えにいく習慣の1つです。

起業して3年目、憧れていたブロガーのワタナベ薫さんにお会いできる機会がありました。そこで薫さんが、ブログをスタートしてから毎日ブログを更新し続けていること、プライベートで大きな出来事があったときも欠かさず書いていることを知りました。

カリスマ的人気を誇る薫さんですら、今も欠かさず毎日書き続けている。それはまさに、衝撃の事実でした。その文章で多くの女性を勇気づける存在である薫さんは、わたしにとって憧れの女性。実は手帳のGAKKOの前身コミュニティである「手帳の会」がスタートしたのも、薫さんが手帳をプロデュースされたことがきっかけでした。

たくさんの著書を生み出したベストセラー作家であり、講演家。いつか、薫さんのようになりたいと思っていました。そして気が付いたのです。

「駆け出しのわたしが、毎日書かない理由がない」と。

それ以来、ブログを書くということが、わたしの中で未来を迎えにいく習慣になりました。

それまで書いたり書かなかったりしていたブログ。けれどその翌日から今まで、もうすぐ7年になりますが、毎日ブログを更新し続けています。3年前からはメルマガも毎日欠かさず書いています。

文章を書くことは、元々好きなことでした。そして毎日の発信は、わたしにとっては、理想の未来を迎えにいくために今できる、とても大切な行動。だからこそ、毎日楽しいままで続くのだと思います。

未来を迎えにいく習慣とは、「理想の私だったら当たり前にできていること」を、今日から始めて続けていくことです。

何よりおすすめは、あなたの理想をすでに叶えている人から「これだけは続けている」という習慣を教えてもらって取り入れることです。けれどすぐに会いに行けなければ、自分で描いた理想の1日から1つ取り組みやすいモノを選び、取り入れてみましょう♡

たとえば理想の自分が朝手作りスムージーを飲んでいたなら、今日からつくってみたらいい。

夜はベッドサイドで読書をしているなら、今日から5分でも読み始めてみたらいい。

あなたにとって、理想を叶えるために今すぐできる習慣は何ですか？

人生の岐路に立った時こそ10年後の未来を描く理由

10年後の理想は何度も繰り返し描くことがおすすめです。誕生日やお正月といった節目はもちろん、わたしはこれまで大きな決断をするとき、何度も10年後を描いて決めてきました。

ここで少し、わたしの経験をお伝えさせていただきますね。

最初に人生の岐路に立ったのは、「就職活動」のときです。

東京での学生生活は楽しかったものの、卒業後東京で暮らすかどうかは、正直迷っていました。

「岡山に帰るのもありかもしれない」

そう思い立って、地元に本店を構える老舗百貨店にエントリーし、無事に最終選考まで進んだ、大学4年生の春。

「岡山に帰れ、ということならきっと採用されるだろう」と、半分運を天に任せるような気持ちで最終選考にのぞみ、無事に採用通知を手にすることができました。

けれど、すぐに「岡山に帰ろう」と決断ができなかったのです。

東京での生活はあまりにも楽しすぎました。サークル活動、アルバイト、合コン、パーティー。野球選手、モデル、俳優、歌手。華やかな場所にいる方々とも、触れ合える世界。田舎者だったわたしにとって、東京での生活は刺激にあふれていました。当時の手帳にはまさに24時間「楽しい！」予定が詰め込まれていました。

どうしようか悩んでも、なかなか答えはでません。

そこでわたしが行ったのは、10年後を描くこと。

東京に残った自分をイメージするのは、とても簡単でした。

きっと、残りの20代を今と同じように謳歌するはずです。そして思い描いた31歳のわたしは、まだ独身で、もちろん子どももおらず、おまけに貯金もありませんでした。

なにせ「楽しい」ことが大好きで、誘惑に弱いのです。子どものころ、両親に指摘されたまま大人になっていたわたしは、東京で暮らす自分の10年後をイメージして、思わず笑ってしまいました。これはこれで、幸せなのかもしれない。


次に、地元に帰った自分をイメージしてみました。31歳になったわたしは、結婚し、子どもが1人いて、そして仕事も両親にサポートしてもらいながら続けている。今度はそんな未来が浮かびました。


今度は、笑えませんでした。

逆に、想像しただけなのに、涙があふれました。

それは、わたしが欲しくてたまらない未来でした。

結婚もしたい、子どもも欲しい、仕事だって続けていたい。

そしてそれらはきっと、手に入れた後も「欲しがり続けていられる」わたしの人生にとって大切なものだと思ったのです。


そこまで考えると、どちらを選ぶかは明白です。

「今」だけを比べると、岡山よりも東京で生活する方が「楽しい」。けれど、10年後に手に入れたいモノを手に入れるために、わたしは生活の拠点を岡山に移すことを決めました。

「10年後」を描いてから選択すると、ただただ目の前の「楽しい」に流されず、自分の「本当に欲しいもの」を考えて決めることができる。それを実感したわたしは、以降も折に触れて「**迷ったときは10年後**」で決定しています。

結婚するかしないか、起業をするかしないか、会社をつくるかどうか、迷ったときは「未来の自分が喜ぶかどうか」を基準に選択してきました。

また何か問題が起こって決断を迫られるときも、近視眼的になるのではなく、10年先くらいまでをイメージして、決めるようにしています。

「**人生はクローズアップで見れば悲劇だが、ロングショットで見れば喜劇である**」

喜劇王と言われたチャップリンも、こんな名言を残しています。

目の前だけを見れば決して笑えない状況のとき、わたしがよく思い出す大好きな言葉です。

あなたにとって人生の方向性を変えるような決断をする前には、ぜひ10年後を描いてから決断してみてくださいね♡

時間を整理整頓するマトリックスの活用法

「楽しい」と感じる自分の感情を大切にして、できれば24時間楽しい時間を過ごしたいと考えたわたし。けれど、目の前の「楽しい」に夢中になりすぎると、アリとキリギリスの寓話のように「あとで痛い目を見る」ことになるかもしれません。

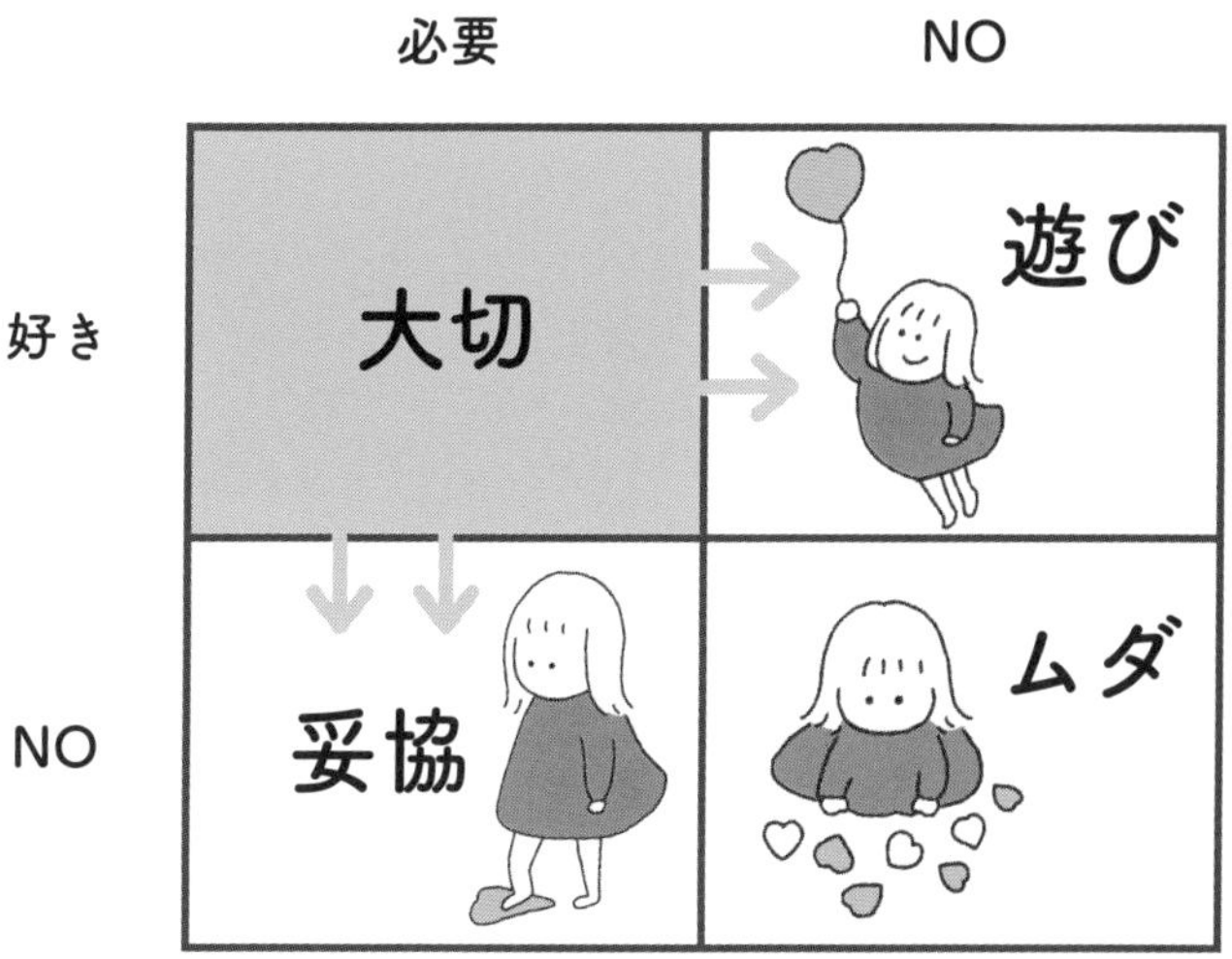

今を楽しむ時間と未来を迎えにいくための時間のバランスが肝心。

そのバランスを取るためにも、自分の人生にとって何が大切なのか、自分にとって「好き」で「必要」なことを考える、ということとは本当に重要です。

前章でご紹介したマトリックスは、時間を整理整頓するにも有効です。

① 大切＝好きで必要なモノ
② 遊び＝必要なわけではないけれど、好きなモノ
③ 妥協＝好きではないけれど、必要だと感じているモノ
④ ムダ＝好きでも必要でもないモノ

24時間を「楽しい」で埋め尽くす時間の使い方。それは、「ムダ」と「妥協」がなく、「大切」と「遊び」で時間が満たされた状態です。

基本は大切なことに時間を使うことが大切なのですが、「新しい可能性をひらく」という意味では、単純に自分の心が動くことに時間を使う、つまり「遊び」に時間を使うのもとても重要です。

マトリックスでいえば、第2象限にあたる「遊び」の部分。自分に必要かはわからない。けれど「好き」だと心が動くことに時間を使う。これもとっても「楽しい」時間の使い方です♡

まだ「やりたいことがはっきりしていない」「10年後を描いてもぼんやりしている」という方は、まずこの**「遊び」の部分を充実させることから考えてみる**のがおすすめです。

「何をしていても楽しい自分」になるために

こうして「**自分の気持ちを大切にしてやりたいことをやってみる**」を続けていくと、不思議なことがおこります。


もう、かれこれ7年くらいのお付き合いになる方のお話です。

出逢ったころは、派遣の仕事をしていた彼女。

身体を整える、とある資格を持っていて、「仕事にしたいけれど自信がない」と話していました。


そんな彼女に手帳の使い方をアドバイスしていたのですが、その後彼女は独立開業し、わたしは現在お客様として通っています。


先日、わたしの身体のケアをしながら、話してくれました。

「あのころは餃子を作るのってめんどくさ……って思ってたんです。

包むころには、なんでわたしばっかりやらないといけないんだろう、って。

それでずっと餃子は作らずに買うものって思って、買ってたんです。

でもこの間100個作ってみたら楽しくて。しかも、あっという間に終わったんですよね」

彼女があまりにうれしそうに話すので、「楽しそうだね」そう思わず返すと、間髪入れずに彼女は答えました。

「わたし今、楽しいです！　幸せですよ。子どもに『お母さん自分の好きなことばっかりしてる』って言われますもん（笑）」

明るく笑う彼女を見ながら、本当に、7年前に描いた未来に一緒にこられたことに感謝だな……としみじみ。

あのころ頭の中で何度も描いた彼女の未来。
もしかしたら今の彼女はそれ以上のところにきているかもしれません。
そして何より、彼女の「日常」が幸せに彩られていることが本当に嬉しい。

そう、彼女にとっては餃子を作ることが、面倒くさいことだったわけじゃないのです。自分を後回しにしているから、エネルギーが落ちていただけ。

自分にやさしくすることができたなら、本当にやりたいことをやっていたら、人はどんどん元気になります。

心に余裕が生まれます。

結果、何気ない日常がどんどん楽しくなる。

何をしていても楽しめる自分になる。

これが時間のスタイリングで目指す究極のＧＯＡＬです♡

まずは「15分から」小さな挑戦をはじめてみよう

これまでたくさんの方に「時間の使い方」をお伝えしてきました。

時間の上手な使い方、というと「いかに効率的に」「いかにスマートに」といった、方法論やテクニックだと思われたかもしれません。

けれど、時間を管理するというのは限られた24時間に、ぎゅうぎゅうに隙間なく予定を詰め込んで効率的にこなすことじゃない。

時間は命です。

大切な命をどんなことに使うのか。

どんな時間を過ごせたなら、本当に幸せだと思えるのか。

それを考えることから、始まります。

大切なのは、「自分にとってとびきり価値があると思えること（大切なこと）」に時間を使うこと。

これができているかどうかが「幸せ」のバロメーターになります。

限りある自分の時間を大切に取り扱うこと。自分の人生から「妥協」や「ムダ」といった不純物を丁寧に取り除いていくこと。これが、時間のスタイリングです。

さぁ手帳を開いてみてください。

今日の予定に、明日の予定に、週末の予定にワクワクしますか？

もしも、ワクワクしないなら、**ワクワクできることを自分で書き込めばいい**のです♡
最初から、大きく変わる必要はありません。最初はそう、たった１％からでいい。１日は24時間、１４４０分。１日の１％は、約15分です。
15分あれば、新しいチャレンジを小さく始めることができるはず。
あなたにとって、価値あることに命を使って生きましょう♡

第4章

Wrap-up

－ まとめ －

♡ 妥協せず「時間」と向きあうことで、「ずっと楽しい」日々は創れる♡

♡ 時間が「ない」は禁句。時間は命、生きていれば時間は「ある」。

♡ 何をするかよりも、どのような状態でするかが大事。エネルギー高く過ごせるように、計画しよう。

♡ 10年後を思い描くことによって、「今」優先すべきことが見えてくる。

♡ 理想の未来はできるだけ具体的に描こう。具体的に描けば、今とのギャップが明確になる。

♡ 日常の習慣に、「理想の未来を迎えにいく」行動を組み込もう♡

♡ 人生の岐路に立ったときこそ、10 年後を比べてみる。

第5章

人生の幸福度を高める「人間関係のスタイリング」

Lifestyling

最後に「人間関係」を整える驚きの理由とは

「空間」のスタイリングで自分にとって心地よい空間を整え、「時間」のスタイリングで自分のやりたいことが行動できるようになると、かなり自分にやさしくできるようになっているはずです。

ここまで来て、最後に整えていくのが人間関係。

アドラー心理学の生みの親、アルフレッド・アドラー氏によれば、「人の悩みの9割は人間関係にある」そうです。

確かに、わたしもこれまでに様々な方のお話を聞く機会がありました。実際に人間関係のお悩みはほとんどの方が抱えていると感じます。

人は1人では生きていけません。他人と関わりあいながら関係を深めていく中で、衝突したり、すれ違ったり、いろいろな感情を経験していきますよね。

人生を整えていくライフスタイリングでは、この「人間関係」は最後に取り組むものだと位置づけています。

ハーバード大学で85年にわたり追跡調査を行った研究によると、**人生の幸福度を決めるのは、「人間関係の豊かさ」**であるという結果も出ています。

裕福であるかどうか、世間的に成功しているかよりも、**良好な人間関係を育むことができているかが、幸せや健康に影響を与える**のです。

それなら、最初に人間関係からスッキリさせれば良さそうなのに、なぜだと思いますか？

それは、人間関係に取り組む前に、**「自分らしさ」を取り戻す**必要があるからです。

「どういうこと？」と思った方もいるかもしれませんね。

以前、クライアントさんにこんな方がいました。わたしが起業して、まだ間もないころに来てくれた、今でも時折思い出す、忘れられない女性です。

彼女は当時30代前半、ご主人との間に、１歳の子どもが１人。地元を離れ、慣れない土地に住みながらも、仕事に子育てに一生懸命な、素敵な方でした。

面談初日、彼女の口から出てきたのは、ひたすらご主人への愚痴でした。

「とにかく顔を見るだけでもイライラする」

「いなくなってくれたらいいのに、とまで思ってしまう」

当時はまだ、事務所を構えていませんでした。面談場所は近所の喫茶店。わたしが口をはさむ余地がほとんどないくらい、彼女は人目もはばからずご主人への不平不満をひととおり吐き出しました。

全部で2時間とっていた面談時間の8割くらいが、ご主人の話だったでしょうか。わたしは怒っている彼女の話を聞きながら、その瞳の奥にある「なんでわかってくれないの」という悲しさ、やりきれなさを感じたのです。

そこで、わたしが彼女にお願いしたのは、まず彼女自身の時間の使い方を見直すことでした。

ご主人に対して直接的なアクションは何1つしません。

ご主人にネガティブな感情を抱いてしまっても良いので、とにかく徹底的に自分自身に集中して「楽しい」と思えることに時間を使えるよう、アドバイスをしていきました。

読みたい本があったら読んでみる、カフェで1人時間を過ごしてみる、しばらく買っていなかった雑誌を買ってみる、自分の言葉で発信を始めてみる。

やってみたかったことを手帳にリストアップして、1つずつ行動に移してもらったのです。

2カ月後、わたしの前に座った彼女は、別人のようにすっきりとした顔をしていました。

そして、笑顔でわたしに言ったのです。

「わたし、なんであんなにイライラしてたんでしょうね！」

お悩みは人間関係のように見えて、彼女の問題は実は別のところにありました。

男性とは違う「女性が直面する現実」を知っておく

実はこういうことは、彼女に限った話ではありません。
特に出産後の女性は新しい命を迎えて「自分ではどうにもならない」存在を守るために、24時間という自分の時間をそっくりそのまま捧げて生きる期間があります。

これは、男性には到底味わうことができない時間（命）の使い方です。

もちろんそこにはたくさんの「幸せ」があります。けれどそれは、これまである程度自力でコントロールできていた「空間」や「時間」といったものが、自分ではままならなくなる、という経験でもあります。

「母親」という役割に徹する中で、大多数の女性が「自分自身」を二の次にして、子どもや夫、家族のことに時間を投じます。誰に頼まれなくても、それはもう本能レベルで一生懸命になるのです。

けれどその日々の中で、自分でも気づかぬ間に一番大切にすべき存在である「自分」をないがしろにしてしまう人もいます。子どもが小さなうちは、自分のために時間をとろう、なんて考えもしない女性も多いです。

自分をないがしろにされると、人は不機嫌になります。

これは、誤解しないでほしいのですが、家族のためにひたむきになることがいけないと言っているわけではありません。

わたしが伝えたいのは、「**家族を大切にするためにも、まず自分自身を大切にしてほしい**」ということ。

まず、自分を**「元気」な状態に整えておく**こと。

元気というのは、「元（もと）の気」と書きますよね。先ほどの餃子の彼女のように、元気であれば日常が楽しくなり、ご機嫌に過ごすことができるようになります。

もしあなたが元気ではないなら、まずそこから始めてください♡
つまり「空間」や「時間」を整えることが、自分を元気な状態に整えます。

空間や時間は、自分と向き合い、心がどう動くかを感じながら整えていくことができます。ライフスタイリングを通じて、自分が心地よいと感じる空間になり、自分が楽しいと思える時間が増えてきた。

そうなってくると、何気ない日常をご機嫌で過ごせるようになってきます。人間関係を整えるのは、それからです♡

人生の幸福度を左右する人間関係チェックリスト

ではここで、人間関係のスタイリングが「できているAさん」と「できていないBさん」の特徴をそれぞれご紹介します。

〈人間関係のスタイリングができているAさん〉

□ 基本的にいつもご機嫌

□「他人に恵まれている」と実感している

□ 尊敬できる人たちが周りにいる

□ そもそも人間関係で悩むことが、ほぼない

□ 自分にとって大切な人が、即答できる

〈人間関係のスタイリングができていないBさん〉

□ 人の目が気になってしまう

□ 嫌いな人、苦手な人がすぐに思い浮かぶ

□ 他人に迷惑をかけてはいけない、と思っている

□ 建前と本音をわけて、コミュニケーションしている
□ 大切な人に、大切にされていないと感じる

今のあなたは、どちらに近かったでしょうか？

もしBさんに近かったとしたら、大チャンスです！

人生の幸福度を大きく左右する人間関係。ここを整えると人生は大きく変わります。

あなたを信頼し、応援してくれる人たちが周りにいる、そんなやさしい世界を築いていくためにどうすればよいか、これからお伝えしていきますね。

5人の法則「周り5人の平均があなたをつくる」

アメリカの起業家ジム・ローン氏が提唱している「5人の法則」をご存じですか？

言動、価値観、年収など、「**あなたの周りにいる人5人の平均値があなた**」になるといわれるこの法則、たしかに環境によって人は大きく変化する生き物です。

たとえば学生時代、一緒に励む仲間がいたから厳しい部活の練習に耐えられたり、進学校の級友と切磋琢磨したから成績が良くなったり、そんな経験を持つ方もいるかもしれません。

わたしたちは、周りの環境、人間関係の影響を大きく受けて日々生きています。

では、今のあなたの周りには誰がいますか？

ここ1週間、1カ月を振り返ってみて「誰と一緒に過ごした」でしょうか？

思い出してみてください。

できればノートに名前を書き出してみるのがおすすめです。職場で顔を合わせる同僚、一緒に暮らしている家族、最近会った友達。まずは物理的に「一緒に過ごした」人たちを書き出してみてください。

次に考えてみて欲しいのが、直接会っているわけではないけれど、今のあなたが時間を使っている人たちのことです。

たとえばここ最近は会っていないけれど頻繁にやりとりはしている友人、推しの

Youtuber、ライブ映像を繰り返し観ている大好きなアーティスト、「今何してるかな」なんて、ついつい頭の中で考えてしまう人も書き出してみてください。

そう、実は人間関係というのはもちろん「一緒に過ごす」という間柄の関係もさしますが、それだけではないのですよね。

これだけの情報社会ですから、オンライン上での接触時間も大きく影響します。そして頭の中で相手を考えている時間も、あなたの大切な命の時間。

ついついSNSが気になってみてしまう、なんて人も今のあなたに影響を与えている1人です。

書き出した人たちを眺めてみていかがですか？

今浮かんだ方々はきっとあなたが時間を使っている方々ですよね。

ではいよいよ、人間関係を整えていきましょう。

「いらない人の整理」より「大切な人を大切にする」

「空間」「時間」のライフスタイリングには、基本の流れがありました。
要らないモノを手放して、理想を入れて、そして味わう♡
これが、基本です。

けれど、「人間関係」だけは違います。
ライフスタイリングでは、**人間関係は手放しません**。

といっても、もちろん「嫌いな人のそばにいましょう」ということではありません。
ライフスタイリングでお伝えしている人間関係は、「いらない人を整理する」よりも、**「自分にとって大切な人を大切にする」ということから始めます**。

なぜ人間関係は手放さないのか？
理由は3つ、どれもとてもシンプルです。

人間関係は手放さない3つの理由

1つめは、「**ご縁を感じるから**」。

袖振り合うも多生の縁、という言葉もありますよね。

この地球上に生まれて、ついに世界人口は80億人を突破しました。そんな中で一生のうちに出逢える人たちは、限られています。1日1人新しい人に出逢ったとして、100年間生きたとすると、3万6500人。世界人口の、たった0・000045％です。

それだけで、「ご縁がある」と思いませんか？

せっかく出逢ったのだから、できればよい関係を結びたい。それが1つめの理由です。

2つめは、「**人は環境で変化する生き物だから**」。

たとえ同じ人であっても、置かれた場所によっては別人のような顔を見せたりしますよね。人は社会的な生き物。今いる環境で自分がどのような役割を担っているかを判断し行動しています。

ということは、自分の状態次第で相手の「環境」が変化し、結果相手が変化するということとだと思うのです。

子どものころ、大好きで何度も読み返した本があります。

『少女パレアナ』（ＫＡＤＯＫＡＷＡ、１９６２年）という物語で、両親を亡くした主人公パレアナが叔母の家に引き取られ、その明るさで周囲の大人たちの頑なな心を溶かしていくストーリーです。その中にでてくる、たとえどんな状況であったとしても物事の良い側面に目を向ける「よかったこと探しゲーム」が大好きで、自分でもよくやっていました。

今のわたしの考え方にも大きな影響を与えた１冊です。

「パレアナのような人になりたい」

環境のせい、誰かのせいにするのではなく、自分の存在によって周りの人たちにより良い影響を与えられるような、そんな人になりたいとずっと思っています。

これが、人間関係を自ら手放さない２つめの理由です。

３つめは、「やさしい世界を広げたいから」。

人はみんなそれぞれに違った存在だから、わかり合えなかったり、ときに面倒だなと感じたり、そういうことって多かれ少なかれ誰にだってあると思うのです。

そこで「この人は合わないな」「間違っている」と決めつけて、切り捨ててしまうのはとても、もったいないと感じます。

やさしい世界というのは、自分とまったく異なる考え方の人がいてもいい世界です。

どちらか一方が絶対的に「正しい」と主張するのではなく、どうしたら一緒に楽しくいられるか、それを創意工夫することこそが、本当の意味での人間関係の豊かさにつながるのだと思っています。


ちなみに、この「それぞれに違う存在が一緒にいるから面白い」というのは、大学生時代に寮生活を共にした仲間から学んだこと。

「一緒のクラスだったら友達にならないよね」とお互いに言うほど、休日の過ごし方も、恋愛の仕方もまったく違うタイプの6人。けれど、数年間生活する中で、友達ともまたちょっと違う、深いつながりを築くことができました。

今でもLINEグループで、お互いの誕生日をお祝いしあったり、予定があえば一緒にご飯を食べたり。「めんどくさい」と絶対に来ないメンバーがいるのも、自分らしくいられる関係だからこそだと思っています（笑）。

あなたが「大切にしたい」と思う1人を選ぶ

さて、そうはいってもわたしたちの時間は有限です。

だからこそ、**一緒にいる人を選ぶことがとても大事**です。


時間というのは、トレードオフの関係。

同じ時間に複数の空間に存在することはできません。だからこそ、一緒にいたいと心から思える人、自分にとって大切な人のために時間を使うこと。それが、人間関係を整えるために重要になります。

そう、「大切な人」を決めてしまえば、自然とそうではない人たちと過ごす時間は減っていきます。だから、わざわざ切り捨てなくても大丈夫。


先ほど書き出した、あなたの周りにいる人を眺めてみてください。その中で、あなたが本当に「大切にしたい」と思う人は誰でしょうか？

ここで、きっと書き出した人の中から、複数人を選びたくなりますよね。

気持ちはわかります。

でも、早く確実な変化を起こしたいなら、あれこれ一度に取り組むよりも**まずは1人だけ**です。

おすすめは、「大切にしたい」と思っているけれど、最近コミュニケーション不足だな、と感じる人や、「もう少し関係を改善したい」と思う人。

というと、けっこうな確率で「ご主人」「恋人」といったパートナーや、「親」「子ども」といった家族の名前を口にする方がいらっしゃいます。

あなたは誰だったでしょうか？

自分にとって近しい存在だからこそ、ついつい「これくらい」と思ってコミュニケーションをさぼってしまったりして、いつのまにか想いがすれ違ってしまう。

わたし自身もとてもよくありますし、反省することも多いです。人間関係のスタイリングは、今もなおたくさんの「失敗」を重ねながら、わたしも実践しているところです。

もちろん、選ぶ人はパートナーや家族でなくても構いません。

あなたが「大切にしたい」と思う人をまずは1人選んでくださいね。

相手に与える前にやっておくべき超大事なこと

「GIVEが大事」、つまり「与える」ことが大事だということを聞いたことがある方もいらっしゃると思います。たしかに相手からしてもらうのではなく、自分から与えること。これができれば素晴らしいことですよね。

それから、「相手は変えられない、変えられるのは自分だけ」なんていうことを聞いたことがある方もいるかもしれません。

その通り、その通りなのです。

ですが、思いませんか？

……いやそれはわかってる。でも、それができないから苦労するの！

わたしもそうでした（笑）。

いろいろな本を読んで学んで「よし！　相手を変えるのではなくて、わたしが変わるぞ！」と決意はするのです。そして、行動してみます。

けれどしばらく続けても相手が変化しないときに、思ってしまうのです。

「……なんでわたしばっかり、がんばらないといけないの？」って。


この状態というのは、「わたしが変わったら相手も変わるんですよね？」という気持ちがベースにあって、結局のところ「相手を変えようとしている」のです。

これでは、うまくいくわけがありませんでした。


実は相手にＧＩＶＥをする前に、とても大切なことがあったのです。


それは、「**相手がGIVEしてくれているものって何だろう**？」と考えること。

そしてそれを、**まずTAKE（受け取る）する**こと。

実はどんな人間関係であったとしても、相手から受け取っているものがあります。近しい人であればあるほど、ついつい取りこぼしがち。

まずは受け取ることで、感謝の気持ちが自然にわいてきます。

これが、人間関係のスタイリングの始まりです。

あなたが受け取っているものを数えてみる

わたしが学生時代に流行った曲に、「あなたのキスを数えましょう」というタイトルの曲がありました。別れてしまった恋人を思い出して、キスの数を数えて改めて失った存在の大きさに気付く、という内容。

これと同じことを、ついついわたしたちもしていると思いませんか？

失って初めて、その存在の大きさに気付く。先に書いた大学時代もそうですが、わたしはそんなことばかり繰り返していました。

そして思ったのです。

失う前にちゃんと「気付く」ことが大切だと。

失って初めて気付く、なんて嫌。

そして始めたのが、受け取ってきたものを、今数えること。

つまり、「ある」にフォーカスして、足し算をしていくことです。

たとえば、この考え方は子育てにもとても使えます。

子どもはあっという間に成長していきます。幼い子どもを連れていると、よく年配の女性に「今が一番かわいいときよ」なんて声をかけていただくことがあります。

そのときに、たとえば「そう言われても今は毎日が精一杯で、そんな余裕ないですけど……」と思ってしまうとしたら、それはもったいないことです。

そして10年後、子どもたちの写真を見ながら「あのころはなかなかそう思えなかったけど、今考えたらかわいかったなぁ……」なんて懐かしんでいたら、もっともったいないですよね。

今、**この瞬間はもう二度と取り戻せない**から。

この日常こそがかけがえのない時間なのだと、実感しながら生きていく。

わたしはそういう生き方がしたい。


そう思って始めたのが、まずＴＡＫＥを数えることでした。

「母親になる喜びを教えてくれた」

「元気ですくすく成長する姿を見せてくれている」

「『ままだいすきだよ』と毎日くったくのない笑顔を向けてくれる」

幼い子どもから受け取っているものも、すでにたくさんあります。


ぜひ、書き出してみてください。

あなたが大切にしたい人。その方から、あなたはこれまでに、どんなものを受け取ってきましたか？

自分の感謝のコップがあふれてから与える

そうやって書き出していくと、気付き始めます。

いかに相手から受け取っているものが多いか。
それらをきちんと受け取っていなかったか。

たとえば、ご主人が毎日会社で働いて、必要な生活費を稼いでくれていること。
付き合っていた時のように2人で過ごすことはなくなったけれど、休日子どもをお風呂に入れてくれること。
手抜き料理だった日も、文句を言わず食べてくれること。
リクエストすれば休みをとって、家族旅行を計画してくれること。

してくれないこと、もっとこうだったらいいのに……と感じることではなく、今過ごしている当たり前のような日常の中に、ありがたいことがたくさんあることに気が付くこと。

いかにたくさんのものを受け取っているかに気付けば、自然と感謝の気持ちや尊敬の念があふれてくるはずです。

GIVEするのはそれからでいい♡

ひとりよがりのGIVEをしないために必要なこと

十分に受け取ることができて、感謝の気持ちがあふれてきたなら、次は「**自分が相手に何ができるか**」を考えます。

そうして行動に移すことができれば、「わたしばっかりしている」という不足感にはつながりません。

すでに相手からたくさんのものを受け取っていて、その**感謝を行動で示す**、という状態をつくれるからです。

できる方は、相手が何をしてほしいか、尋ねてみるのもおすすめです。

また、感謝の気持ちを言葉にして伝えるのも、それだけで立派なGIVEになりますよね。

人間関係は、1人では築いていけません。人によって感じ方はまるで違います。同じことをしても、喜ぶ人もいれば怒り出す人もいる。

友人からこんな話を聞いたことがあります。幼い娘にと、実母からかわいいワンピースをもらったそう。とても気に入ってくれて1週間のうち、3日も着るくらいヘビーローテーションしていたワンピース。

そして、とある雨の日。その日も娘はお気に入りのワンピースを着ていました。雨に濡れるのが楽しくて、びしょ濡れでお散歩をしている様子がかわいらしく、何気なく動画に撮った彼女。

けれど、それを見た実母から「ショックだった」とメッセージが来たのです。

そこで彼女が気付いたのは、「大切にする」という言葉の定義が、実母と娘とでは違った、ということ。

そのワンピースはちょっと高級品でもありました。だから、実母にとって大切にするというのは、「汚さないように気をつけて行動する」ということ。けれど娘からすれば、「好きな服をとことん着る」ことに価値があった。

この話は、わたし自身も改めて学びがありました。

自分にとって大切なモノを大切にするのが、ライフスタイリングです。

けれど、「どうやって大切にするか」は人それぞれ違うし、人間関係では、この「大切にする」という言葉の意味をお互いに確認すること、そして行動をすり合わせていくことが、とても大切なこと。

そして、自分が本当に大切にしたい人とは、その確認の時間を取ったり、すれ違いが起きたらお互いの価値観に耳を傾けたりすること。そういったことこそが、人間関係を深めていくためにとても価値のある時間の使い方なのだと、気づかされました。

「面倒くさい」を乗り越えるから「絆」が生まれる

「絆（きずな）」という言葉は、2011年に起きた東日本大震災後に、いたるところで耳にしました。とても素敵な言葉ですよね。

けれど「絆（きずな）」には別の読み方があることを、ご存じですか？

送り仮名をつけると、「絆し」と書き、「ほだし」と読みます。

「絆し」には、「人の心や行動の自由を奪い取る」といった意味があります。元々は、馬などをつなぎとめる足かせの意味で使われていた言葉です。

とある講演会でこのお話を聞いたときは、ちょっとした衝撃でした。

というのも、わたしは人生の中で「自由であるということ」の優先順位がかなり高いタイプ。だから、自分の心や行動の自由を奪い取られるのは、面倒くさいし嫌だ！　とずっと思っていたからです。

けれど、考えてみれば大切な人との人間関係って、どちらか一方が相手の自由を奪い取っていることって、ありますよね。

たとえば一番わかりやすいのは、母と子ども。自分の時間を全部突っ込んで、子育てをする期間が、ほとんどの母親にはあります。けれど、その期間があるからこそ、かけがえのない親子の絆が生まれています。

もちろんただ、時間をかければいい、というものではないけれど、一定の時間をかけて、ときに「面倒くさいな」と思うことも一緒に乗り越えていくからこそ、相手との間にある絆が強くなっていくのですよね。

となると、**人間関係を育む中で起こる「問題」は、絆を深めるチャンス**！

そのことに気が付いてから、わたしは考え方の違う、それでも「大切にしたい人」と向き合うことが楽しくなりました。

ちょっと具体的な実例として、わたしの運営する手帳のGAKKOコミュニティで現在校長を務めてくれている松本真季さんのお話をさせてください。

彼女との出会いは2019年。広島在住の彼女が、新幹線にのって会いに来てくれたのが始まりでした。「手帳が好き！」という共通点があり、トントン拍子で手帳コミュニティのスタッフとしてかかわってもらうことに。

けれど、わたしたちは物事の捉え方が全然違いました（笑）。

細やかで丁寧な真季さんと、おおざっぱで雑なわたし。

慎重でコツコツ派の真季さんと、大胆でノリとタイミング命のわたし。

いつもメンバーを慮《おもんぱか》れる真季さんと、自分の楽しい！　が最優先なわたし。

こんな2人だから、最初のころは真季さんも、「紗絵子さんの言っていることが全然わからない……」と落ち込んだり、「理解できない自分がいけないのでは？」と思ったり1人でかなり悶々としていたようです。

そして、わたしたちは定期的に話し合い、お互いに本音で向きあってきました。「紗絵子さん、5分良いですか？」とかかってきた電話で1時間話すことも度々（笑）。

そうやって時間を重ねた結果、わたしたちはだんだん「もし紗絵子さんだったらどうだろう？」「真季さんがどう感じるだろう？」とお互いを想像することができるようになってきたのです。

もちろん、いまだにお互いのことがよくわからないところはあります（笑）。

けれど、だからこそ、奥深く面白い♡

そして、彼女とだからこそ、いろんな考え方の人がいるコミュニティをみんなにとって「やさしい世界」にしていけるのだと思っています。

すぐ使える「憧れの人と人間関係を育む」極意

わたしは大人になっても学び成長し続けたいタイプです。

この本を手に取って、しかもここまで読んでくださっているあなたも、きっと成長意欲のある方ですよね？

そこで、ここからは「大人になってからの新しい出逢い」のチャンスをつかみ、相手との関係を深めていくためのポイントをお伝えしていきます。

特に、**憧れの人との距離を縮めていきたい**人におすすめです♡

「この子、距離のつめ方がエグいのよ」


そうわたしをほめてくださったのは、あの「世界のこんまり」こと近藤麻理恵さんのプロデューサー（プライベートではご主人）の、川原卓巳さん。

近藤麻理恵さんの世界進出の立役者であり、２０２３年にはテレビ界のアカデミー賞と呼ばれるエミー賞を受賞。

現在世界的プロデューサーとして活躍されている卓巳さんとは２０２１年、当時とても勢いのあった音声ＳＮＳ、クラブハウスで出逢いました。

出逢って数カ月で一緒にクラブハウスでお部屋をひらかせていただいたり、わたしのコミュニティにゲストとして登壇していただいたり、翌年には、ほぼプライベートな予定にお誘いいただき同行させていただいたり、なんてこともありました。

傍から見ていたら「なんでそんなことができるの？」と思う方もいたかもしれません。でもこれは決して「なんとなく」でつかんだものではないのです。

こんなことを書くと「計算高い」と思われてしまいそうで、今も書くのを若干ためらってはいるのですが（笑）。

せっかく再現性がある方法ですので、思い切って書いていきますね。

人間関係は「5段階の認識レベル」でうまくいく

具体的な方法、のお話の前に、まず「**認識レベル**」という考え方をご紹介します。

これは文字通り、「**相手が自分のことを認識しているレベル感**」のことです。

この認識レベルを客観的に把握できていないと、「距離のつめ方」を見誤ります。逆に正しく理解していると、スピード感を持って相手との距離を縮めることができるのです♡

ちなみに、「こちらから一方的に知っているだけで、相手は自分のことを知らない」という場合は、認識レベルは0です。レベルは全部で5つ、順番にご紹介しますね。

認識レベル1：知っている人

「**名前は聞いたことあるかな**」という程度の相手。著名人の場合は特に日々多くの人と接しているため、一度接触しただけではレベル1に達しないことも。

認識レベル2：気になる人

「話してみたらちょっと面白いじゃん」といった、**コミュニケーションによって、感情が動いた**相手。好意の場合もあれば、ネガティブな感情を伴う場合も。心が動くので印象に残ります。

認識レベル3：思い出す人

自発的に思い出す相手。共通の知人との話題に上がってきたり、ふとしたときに思い出したりする存在ですが、わざわざ連絡をとったりはしません。

認識レベル4：声をかける人

自分から「声をかける」相手。SNSの投稿に反応したり、ダイレクトメッセージでやりとりをしたり、自分から声をかけて誘ったりするようになります。

認識レベル5：一緒にいたい人

好意を持ち、一緒にいたいと思える相手。ビジネスパートナーとして仕事をしたりする、定期的に会うなど相手と時間を過ごしたい、と積極的に思える存在。

憧れの相手にせっかく自分を認識してもらっても、このレベルの上げ方を急ぎすぎるとうまくいきません。

今はSNSで気軽に相手とコンタクトを取れる時代ですが、いきなりダイレクトメッセージを送って自己PRをしても、よほどのインパクトがない限り、レベル1で止まってしまいます。

今回は、相手に自分を認識してもらっていない状態で、できるだけ早く相手との距離を縮めていく方法をお伝えします。

大切な人との絆を深める「3つのポイント」

それでは、認識レベルを上げるための方法をお伝えしていきます。

と言っても実は、これも人間関係のスタイリングですから、基本の流れは一緒。まずは「TAKE（受け取る）」することから始め、相手のしてほしいことを「GIVE（与える）」します。その中でわたしが心がけていることをお伝えしますね。

① 情報収集&情報発信をする

相手が著名人であればあるほど、メディアに登場していたり、WEB上で発信していたりします。それらをちょっと調べるだけでも、相手についての様々な情報を得ることができます。

相手についての情報をしっかりと集めているかどうかで、印象はかなり変わります。出逢う前の事前準備はとても大切。

また、出逢った後に相手が自分に興味を持ってくれた場合、自分のことを調べる可能性もあります（実はよくあるケースです）。そういう意味では今や「発信をしていない」ということが、デメリットになることも。日頃から考えていることや想いを発信しておくことも大事です。

② 相手がしてほしいことをする

「憧れの人の役に立てることなんて、わたしにあるかな？」と思う方もいるかもしれませんが意外と、たくさんあります。

たとえば、「発信に『いいね』ボタンを押す」「ライブを観に行ってコメントを書く」「セミナーに参加する」「コミュニティに入ってみる」「講座を受講する」などなど。

さらにポイントをお伝えするなら、「スピード感」です。

わたし自身も発信者なのでわかるのですが、自分が投げかけたことに対してすぐに反応してくれたり、すぐにお申込みをしてくれたり、そういうことがとても嬉しいのですよね。

また、相手の発信やセミナーから学んだことを「すぐに」アウトプットするのもおすすめ。タイミングが合えば、本人が情報を拡散してくれることもあります。

③　盛らずに、脱ぐ

これが一番大事なポイントかもしれません。「脱ぐ」というのは、簡単にいうと本音で付き合うということ。

憧れの人の前だと緊張してしまったり、自分をよく見せようとしてしまったりする方も多いと思います。

けれどこれは経験上でもあるのですが、盛っても……バレます（笑）。

だから**憧れの人の前でこそ、「自分らしく」いる**というのはとても大事なことだと思っています。等身大の自分の言葉で、感じたことを伝えたらいい。

たしかに憧れるような相手だから、「すごい人」です。けれどわたしだって、同じ人間です。そして、毎日一生懸命生きているわけです。

必要以上にへりくだる必要なんてない♡

以上３つが、わたしが実践しているポイントです。

いわゆる「目上の人を敬う」といった価値観が強い場合、時によってこの方法は、「失礼だな」と感じさせてしまう方もいるかもしれません。

けれど、わたし自身が実現していきたい世界は「やさしい世界」です。そこには、**人によって優劣はないし、どんな相手ともフラットに接し、そして相手から学ぶ姿勢を忘れない**、そんな世界。

だから、それを「失礼だな」と感じてしまう人とはそもそも仲良くならなくてもいいかな、とさえ思っています。

あなたにも譲れない価値観があるとしたら、無理に周りに会わせる必要はありません。

誰といるかで、人生は変わります。

そして、人生は思っているより、ずっと短い。

だからこそ、大切な人を決めて、その人との絆を深めていくことに命（時間）を使っていくことが大切。

これが、わたしが人間関係のスタイリングでお伝えしたいことです。

第5章

Wrap-up

- まとめ -

♡ 他人との人間関係を整える前に、自分を大切にしよう。

♡ 人間関係は手放さない。出逢ったご縁に感謝する♡

♡ まずは大切にしたい「たった1人」を選ぶことから始める。

♡ GIVE(与える)の前に、しっかりTAKE(受け取る)しよう。

♡ 人間関係は時に面倒くさい。でも逃げずに向きあえば、絆が生まれる。

♡ 憧れの人に近づきたいなら、「認識レベル」を上げていこう♡

第6章

やさしい人がやさしいままで夢を叶えていける世界へ

Lifestyling

夢中をひらくことで誰もが人生の主人公に

ここまで「空間」「時間」「人間関係」、それぞれのスタイリングについてお伝えしてきました。

ライフスタイリングとは、自分に最高に似合う人生を選び取ること。そして、そのために、自分にとって大切なモノを大切にする、ということ。

ここまであなた自身に向き合ってきて、いかがですか？

自分にとって大切なモノや人に時間を使ってきたあなたは、きっとこれまでよりも自分のことを愛おしく感じられるようになっているはずです。

ただ、日常の中でコツコツと取り組むことが多く、急激に変化するものではないので、もしかしたら「ちょっと地味だな」と感じている方もいるかもしれません。

けれど、地味でいいのです。

いえ、むしろ地味がちょうど良いくらい。

ライフスタイリングは、「自分で決める」力を育む、心の筋トレのようなものです。自分の身の回りのモノ、時間、そして人。他人の影響で「なんとなく」選び取るのではなく、自分の心に従って、本音で選び取っていく。

これが実は、簡単なようで難しい。

身体の筋トレも、いきなりたくさんの負荷をかけないですよね？　そんなことをしたら逆に身体を痛めてしまうかもしれません。

心も一緒。いきなり大きな決断をするのではなく、日常の些細なことから、1つずつ「自分で選ぶ」を繰り返していく。

美しくしなやかな肉体が一朝一夕ではできないように、心も1日にしてならず。

そして実は、ライフスタイリングの醍醐味は、ここから。

家がキレイになって、時間の使い方が上手になって、大好きな人たちが周りにいる。それでおしまい、ではありません（笑）。

コツコツ続けた先に、見える世界があります。

それが、「夢中」の世界♡
待っているのは、**自分の人生の主人公としてこの人生に夢中になれる日々**。
この章では、あなたが夢中をひらき、夢を叶えていくための方法をお伝えしていきます。

人間が夢中になる「3つの条件」をクリアする

ライフスタイリングは、心の筋トレのようなものだとお伝えしました。

実は「適切な負荷をかけた」心の筋トレをすると、ひらくもの。

それが「夢中」です。

夢中とはいいかえると、フロー状態のこと。空間も時間も人間関係も、全てから解き放たれて、自由になれる。そんな状態を、意図的につくっていくことができるのです。

では、どうしたら夢中をひらくことができるのでしょうか？

フローという概念を提唱したことで知られる心理学者、ミハイ・チクセントミハイ博士は、フロー状態になるためには次の3つの条件が必要だと述べています。

①意義を感じられる、明確な目標があること。

②目標にどれだけ近づいているか確認できる、迅速なフィードバックがあること。

③スキル（技能）とチャレンジ（挑戦）のバランスがとれた状態であること。

また、チクセントミハイ氏は「フロー体験はあなた自身が自力で発見しなければならない」『フロー体験入門　楽しみと創造の心理学』（世界思想社、２０１０年）とも言っています。

つまり、「どのような要素があればフローに入りやすいか」といった研究結果はあるけれど、何が「あなたにとって意義があるものか」はあなた自身にしか答えがなく、**どのようにフロー状態になるかは、自分自身で発見する必要がある**、ということなのです。

そして、これが自然とできるようになるのが、ライフスタイリング。

ライフスタイリングでは、自分の人生において何が大切かを明らかにし、具体的な未来を描きます（①）。現在地点とのギャップを明らかにして、行動を手帳やノートに記録します（②）。


あとは、スキル（技能）とチャレンジ（挑戦）のバランス（③）ですが、

「自分の能力を発揮できているとき」

「今持っている能力より、少し高い能力を必要とするとき」

これがフローに入るための条件だと言われています。


自分の能力ってなんだろう？　そう思う方もいるかもしれません。

でも、それほど難しく考える必要はないと思うのです。

ここで言う「自分の能力」とは、わたしは「自分らしさ」だと解釈しています。

そして、自分らしさを発揮するには、ひとりぼっちでは難しい。それを活かす環境が必要ですよね。

つまり言い換えるなら、

「自分らしさを発揮して、成長できる環境にいるとき」

これがわたしの思う、人生で夢中をひらく条件です。

だから、環境がとても大事。自分らしくいられる。そして自分の貢献が全体の成長にもつながる居場所。そんな世界を創りたくて、わたしはコミュニティを運営しています。

最初から夢を語れる人ばかりではありません。

夢があるから夢中になれるのではなく、目の前のことに夢中になった先に、夢に出逢う。

その方が一般的です。

あなたにまだ、具体的な夢が浮かんでいなくても大丈夫です♡

本当に自分がやりたいことは「思い出す」もの

たくさんの女性とお話をしてきて、確信したことがあります。
それは、**大人の夢は、思い出すもの**だということ。

「紗絵子さん、わたし思い出したんです。ネイリストになりたかったんです」
「思い出しました、この雑誌に載るような活躍をしてみたかった」
「そういえば、本当は絵を描いて生きていきたかったんです！」

彼女たちが一様に使うのが「思い出した」という表現でした。
自分の人生と向き合い、整えていくと、夢を思い出すタイミングがやってきます。

わたし自身にも、思い出した夢があります。

東日本大震災が起きた２０１１年。５月に結婚式を控えていました。

連日テレビで報じられる被災地の惨状を見ては、心が揺さぶられました。たくさんの方が自分にとって大切な人を失ったことを知りました。

「こんなタイミングで、のんきに結婚式なんてしていいのかな」とさえ、感じました。わきあがる、幸せになることへの罪悪感。募金をしたり、職場で呼びかけたり、自分にできることの微力さがもどかしかった。

震災からわずか1週間後。わたしはとある舞台を観に行くことになりました。

正直、気が進まないところもありました。けれど急遽チャリティー企画となったその舞台を観ることも、わたしにできることかもしれない。そう思って出かけたのです。

開演前のブザー、緞帳が上がるとき、わたしは確かに心が躍りました。子どものころ、母に連れていってもらった子ども劇場。父が連れていってくれた劇団四季のミュージカル。観劇が好きでたまらなかった自分を思い出しました。

舞台の幕が下りたときの衝撃は、忘れられません。

震災後初めて、全てを忘れて、目の前の舞台に夢中になれたことに気付き、しばらく立ち上がれないほどでした。

舞台の力ってなんて素晴らしいのだろう。

そして決めたのです。

わたしが鬱々としても仕方ない。一度きりの人生、後悔しないようにやりたいことをやって生きていく。

舞台を観て、わたしは夢を思い出しました。

小学校の卒業文集に、将来の夢を「女優」と書いたこと。

いいえ、本当は忘れていなかった。もう無理だってあきらめていました。過去の夢としては覚えていたけれど、追いかける気なんてありませんでした。

でも、思い出してしまったから、動かずにはいられませんでした。

すぐにその舞台に出ていた同い年の役者さんに連絡をとり、彼の主宰する劇団に所属すべくオーディションを受けました。

そして翌年の2月、わたしは役者として舞台に立ったのです。

夢を思い出したとき、それが自分にとって価値あるものだと気付き、すぐに行動できたのは、自分にとって何が「大切」なのか、その感度を磨いてきたからこそ。ライフスタイリングのおかげです。

「それやって何になるの？」
「今さらする意味あるの？」
「基礎もできてないのにかっこわるくない？」

そんなことよりも、自分の中にある「やってみたい」という心の声を聴くことができた。

そして、叶えてあげることができた。

他人がどう思うかよりも、自分の喜びを優先すること。「わたしがやりたいのだからやる！」というのは究極の自己満足であり、究極の自己信頼につながります。

どんなわたしだって受け入れてもらえる。

本音を無視せず受け取ってもらえる。
それは、わたしにとって、思い出した夢を叶えた特別な経験になりました。
そして、行動できた自分のことを今でも誇りに思います。

夢は誰にだって叶えられるし特別なことではない

「目の前の人には夢がある」

これは、わたしの信条です。

どんな人にも夢がある。そう思って目の前の人とお話ししています。この人はどんなことをしたいと思っているのだろう？　何を叶えるのが喜びなのだろう？　わたしにできることって、あるかな？

あなたにも、夢があるはずです。もしかしたらすぐに浮かばないという方は、「夢」というものを大きくとらえすぎているかもしれません。

わたしにとって夢というのは、「まだ手に入っていないけれど、今欲しいと思っているモノ」です。

たとえば欲しい洋服を手に入れることも、「結婚したいな」と思って結婚することも、子どもを預けて美容院に行くことも、全て夢を叶えていく行動。

そう、夢ってもっとカジュアルに考えるところから始めたらいい♡

子どものころは「夢」というともう少しフォーマルな印象で、簡単に言えば「なりたい職業」だったような気がします。

けれどそうなってくると、描ける夢は１つか２つ。

「夢を叶えられる人なんて、一握り」そんな風に思ってしまう人も多いかもしれません。

そうではなくて「やってみたいことをやってみる」のが夢を叶えることだと考えてみると、わたしたちは思い出すことができます。

そもそも今生きているこの日常も、かつての自分が欲しがって手に入れたものだと。

そう、わたしたちはみんなすでに夢を叶えてきました。

今までの願いが叶っているのだから、この先願うことも叶うのです。

夢は誰にだって叶えられるし、夢を叶えるとは特別なことではない♡

もちろん、やみくもに叶えればいいわけではありません。

池袋のマスターが教えてくれたように、欲しいものを手に入れることは成功ですが、それが幸せかどうかは「自分にとって本当に大切なものを欲しがれるかどうか」で決まります。

その感度を磨くのが、ライフスタイリングなのです。

ライフスタイリングは**「自分」の感覚を取り戻していくこと**。
誰かに決めてもらうのではなく「自分で決める」を繰り返しながら、**自分の力を思い出すこと**。

人と比べるのではなく、自分のしたいことにフォーカスできるようになります。そうすると、元々あった可能性に気付くことができるようになるのです。

時間は命、有限です。

あなたが自分の命を使って、叶えたい夢は何ですか？

他人がなんて思うか、なんて関係ない。

大きいも小さいもない。

あなた自身がやりたいこと。

あなたの人生においてかけがえのないこと。

自分にとって大切なものを選び取り続けていれば、たとえまだ今はぼんやりだったとしても、きっと「ある」はずです。

人によってはたくさんあるかもしれません。たった1つ、という方もいるかもしれません。

正解はありません。**あなたの正解は、あなたが決めたらいい**。

もっというと、**あなたが選んだ夢を、正解にすればいい**。

夢は自然に思い出すことができます。
そして思い出したなら、叶えましょう♡

夢を叶えていくために欠かせない「ABCの法則」

夢を叶えていくために欠かせない、3つのことがあります。
その頭文字をとって、わたしは「ABCの法則」と呼んでいます。この法則を使うことで、ひとりぼっちでがんばるよりも、ずっと早くスムーズに夢を叶えていくことができます。

A・・・Action（行動）
B・・・Beauty（美しさ）
C・・・Cheer（応援）

どれも欠かせない条件です。重要なポイントを1つずつ解説していきますね。

まずは、A（Action：行動）です。

当たり前のように聞こえるかもしれませんが、夢を叶えるためには、行動が欠かせません。そして、ここで特におすすめしたい行動とは「会いたい人に会いに行く」ことです。

なぜ「会いたい人に会いに行く」という行動が重要なのかわかりますか？

それは、**チャンスや新しいきっかけは、いつだって「人」からやってくる**から。

会いたい人に会いに行くという体験が、未来の可能性を大きくひらくことにつながり、夢に近づく一歩になることが大いにあり得るからです。

仲間から「行動おばけ」とあだ名をつけられたほど、フットワークが軽いわたし。

たとえば、岡山から新幹線に乗って毎週のように上京したり、ここ半年でも北は北海道から南は沖縄まで、日本各地を訪れたりしています。

ですが、決して起業当初からそうだったわけではありません。

最初のうちは、「岡山に会いに来てもらう」ことを目標にしていたため、県外ではほとんど仕事をしていませんでした。

少しずつ活動エリアが広がったのは、お隣の広島県にある会社とのお付き合いが始まったことがきっかけです。最初は隣の広島県へ行くことすら、緊張したものです。

わたしもそうやってドキドキしながら、行動してきました。

川原卓巳さんとの距離を縮めたのも、リアルで会いに行ったことがきっかけでした。

行動してみてわかった、「会いに行く」ことの価値。特に、今はオンラインが当たり前の時代だからこそ「リアルで会う」ことの価値が高まっていると感じています。

たとえば最近ですと、英国のチェルシーフラワーショーにて12回のゴールドメダルを獲得した、世界的な庭師石原和幸先生。先生とのご縁も、長崎まで直接会いに行ったことから始まりました。

リアルで見た先生のウェルカムフラワーのパフォーマンスに、言葉を失うほど感動したのは今でも鮮明に覚えています。花の香り、会場のＢＧＭ、先生の纏う空気感、これらは実際に現地でなければ体感できません。

その後、先生に会えるチャンスがあれば足繁く通った結果、今では石原先生とご一緒に商品をプロデュースさせていただくことに。

お仕事につながるとは微塵も思っていなかった出逢いでしたが、「**会いたい人に会いに行く**」「**尊敬する人とつながる**」ことの価値を改めて感じています。

本気で会おうと思えば、たいていの人には会えるもの。

ぜひ、会いたい人に会いに行ってみてください♡

誰もが行動量を最大化できる判断基準のつくり方

「そうはいっても、まだ会いに行くのはドキドキします！」

そんな方のために、ここでわたしが大切にしている行動基準を2つご紹介します。

1つは、**「できるか」よりも、「したいか」を優先する**こと。

イベントに誘われたとき、参加してみたい会があるとき、会いたかった人に会えそうなとき、「したい」か、つまり「行きたいかどうか」を一番大事にしています。

これに参加したらいいことがありそう、といった見返りは求めません。「行きたいから行く！」これだけです。損得勘定ではなくて、「行ってみたいから行こう♡」という純粋な感情を大切にします。

行動したことで、その後ご縁が広がったり深まったりするわけですが、たとえその場では何も起らなかったとしても、「会いたいと思う人に自分を会わせてあげた」という「経験」は残りますよね。

もう1つの基準は、「好きになったもの勝ち♡」です。

会いたい人、というのは、言い換えてみれば「好きな人」。ここでわたしたちは、「相手に好きになってほしい」と思ってしまいがちです。

そして、相手の気持ちを慮ります。

「迷惑じゃないかな」とか「引かれるんじゃないかな」なんて思って、「自分から会いに行く」という行動に移せないこと、ありませんか？

正直に言えば、実はわたしも、そう思って足が止まりそうなことがあります。けれど、そんなときにはこの基準を思い出すのです。


相手がどう思うかは、実際のところ、わからない。

その人が自分のことを好きかどうかよりも、わたしがその人を好きだという自分の気持ちを大切にする。相手が自分にとって大切な存在であればあるほど、忘れてはいけない行動基準です。


「できるかよりも、したいかどうか」そして、「好きだという自分の気持ち」を大事にして行動すること。

これが、ABCの法則の1つめ、A（Aciton：行動）の大切なポイントです。

一度きりのあなたの人生。**あなたの気持ちを一番に大切にしていい♡**

自分らしい美しさと向き合う習慣を身につける

次に、B（Beauty：美しさ）についてお話しします。

美しいことは、とても大事なことです。「見た目じゃないよ、中身だよ」なんていう方もいるかもしれませんが、現実問題、他人に与える印象はほぼ見た目で決まっています。

有名なメラビアンの法則でも、人が印象を判断する要素は外見（顔、スタイル、服装、香り等）が55％、音声（声のトーン、話すスピード）が38％、残りたった7％が、話している内容だといわれます。

だとすれば、絶対に美しい方がよい♡

ただし、やみくもに美しくなろう、とするのではなく、ライフスタイリングの3つのルール（「ある」にフォーカスする、足し算で考える、まるまるマル）で自分らしい美しさと向き合ってほしいのです。

そして、実はこの美しさと向き合うことが、「自分のことが世界で一番好き」だと思える

ことにつながります。

先ほどのメラビアンの法則が、自分自身の印象を決定していると考えてみてください。印象の中で最も強いのは「外見」です。そして、鏡を1日一度も見ない、という女性はほとんどいないはずです。

今のあなたは、自分自身の外見にどのようなまなざしを向けていますか？

毎日自分自身を「美しい」と思えることができたなら、もっと自分のことを好きになれると思いませんか？

本書の冒頭で、お伝えしました。

この本は、あなたがあなたのことを世界で一番好きになるための本です。

ここまで自分を大切にしてきたあなたなら、大丈夫です。

あなたのとっておきの美しさを磨く方法をお伝えします♡

「わたしはわたしのことが大好きだ」と認める

ちょっと、結論から先に言ってしまいます。
わたしは**全ての人が本当は、「自分のことが一番好き」**なのだと思っています♡

「いやいや、わたしは自分のことがそんなに好きじゃないです！」

「むしろ嫌いです……」

もしかしたら、こんな風に思った方もいるかもしれません。

そんなあなたには、続いて質問をさせてください。


日常の中で、こんなことってありませんか？


「SNSで見かけるキラキラしたインフルエンサー。素敵だなぁと思いつつ、なんだかちょっとモヤモヤする」

「好きを仕事にしている人に憧れて、自分でも何かやってみたい、とこっそり思っているけれど、何から始めたらいいかわからない」

「セミナーに行ってみたり、発信をしてみたり、自分なりに行動してみたけど、結局続けられなかった。コツコツできる人って、すごいと思うけど私には……」

「周りでうまくいっている可愛い子を見ると、『どうせあの子だからでしょ』と、嫉妬でイライラしちゃう。でも、そんなネガティブな自分が嫌で、また落ち込む」

「子育て中、周りの子どもが気になる……。なんであのママ友はあんなに楽しそうにしているのだろう？　私、母親として、上手に子育てできている自信がない」

もしも、あなたが1つでもあてはまるなら、それはあなたが、実は自分のことを大好きな証拠です。

なぜだと思いますか？

それは、「インフルエンサーと私」「好きを仕事にした人と私」「コツコツ続けている人と私」「うまくいっている子と私」「ママ友と私」結局誰かと「自分」を比べているから。自分のことについて、思い悩んでいることになりますよね。

「愛の反対は無関心」だと、マザーテレサは言いました。
ならば逆に「関心とは、愛である」という見方もできると思いませんか？
自分にまったく関心がない人なんて、絶対にいません。

たとえば、集合写真を撮った後。「誰か目を閉じてないかな？」なんて言いながら、一番にチェックするのは自分の顔の映りだったりしませんか？
周囲が賑やかな状況でも興味関心がある情報は自然とキャッチできることを「カクテルパーティー効果」なんて言いますが、雑踏の中で自分の名前を誰かが呼んでいたら、たとえそれが自分でなかったとしても、ついつい振り返ってしまいますよね。

そう、わたしたちは無意識に「自分のことばっかり」考えている生き物。みんな、自分のことに超関心があるのです。そういう意味で、すでにめちゃくちゃ愛していると言ってもいいくらい。

だから、もう認めて欲しいのです。
「わたしはわたしのことが大好き」だと。

少しずつでもいいので自分を愛してあげてほしい

ライフスタイリングレッスンは、自分にとって大切なものを大切にするレッスンです。ここまで続ける中で、かなり自分のことが好きになっているはず。

もしも、まだそう思えていないとしたら、自分の愛し方が「変わっている」だけ。関心があるのに、わざわざ自分の気持ちを下げるようなことを考えてしまう。

このパターンから抜け出して、もっと自分を大好きになりましょう♡

それにしても、なぜこんな風に自分に厳しくなったのでしょう？

以前、継続講座の中でこれまでの半生を振り返っていただくワークをしていました。受講生に話を聞いてみると、ルーツは子どものころの記憶にあることが多いとわかりました。特に、小学生のころにどうやらわたしたちは傷ついてきたようです。

あのころ、いませんでしたか？

変なあだ名で呼んでくる男子。嫌がっているのに、ちょっかいを出してくる、「やめて」といってもやめてくれない男子。

根っこにあるのは、「かまって欲しい」「コミュニケーションを取りたい」という気持ちなのかもしれません。でも正直言って、されている方は全然嬉しくないですよね。

それから、女子の集団生活で正直しんどい、そんな想いをした方も多いかもしれません。

「いばってるよね」「最近調子乗ってる」「なんかムカつく」「ぶりっこ」……。

これらは全部、わたしが言われた言葉です。

特に「ぶりっこ」と言われるのは嫌でたまらなかった。

どうしてわざわざ、相手を不快にさせるようなことを言うのだろう？

子どものころから不思議に思っていました。特に女子の場合、面と向かってだけでなく、陰口を聞くこともあります。とっても仲良しだったのに、ある日を境に急にケンカして「もう絶交する！」なんていう子たちも。

けれど、大人になって驚くのは「女子って集団になると面倒くさいな」と思っていた話をすると、多くの女性に共感されること。

「わたしも女子からこんなこと言われて嫌でした！」

「女性の集団って、大人になっても苦手でした……」

あなたはいかがですか？　大人になるまでの間、他人からの言葉で傷ついたこと、嫌な思いをしたこと、少なからずあるのではないでしょうか。もしかすると自分にだって、誰かを傷つけてしまったことがあるかもしれません。

あのころ、わたしたちはまだ子どもでした。子どもから大人になる間、少しずつ身体も心も成長していた時期。コミュニケーションの取り方だって、未熟でした。

だから言ってみたらもう「時効」だし、傷ついたことも、傷つけたことも許し許されて良いと思います。

けれど、そういうことを大人になった今もなお、なぜか自分自身にしてしまっている人がとても多いのです。

「もっと目が大きかったらいいのに」

「この団子鼻が嫌い」

「なんて要領悪いんだろう」

「どうせ私なんて無理かも」

言われて嬉しくない、エネルギーが下がってしまうような言葉を、わざわざ自分にかけていませんか？


それって自分にやさしくない、ですよね。

もっとやさしくなっていい。大人の女性として、もっと自分のことを愛せるようになりましょう♡

これまで握りしめていたコンプレックスを手放す

自分にやさしくなるためにおすすめなのは、なんといっても**「自分のお顔」**と向き合うこと。

「顔が大事です！」と言われると、まだ抵抗がありますか？　けれど、**顔は印象の入り口**。ものすごく大事なポイントです。

実はわたし、大学時代「顔」をテーマに卒業論文を書いています。女性が外見（特に顔）に対して抱いているセルフイメージが、「幸せ」にどのように影響するのか、という内容。タイトルはそのまま、「カオ（顔）の力」。友人を中心に20代前半の女性を対象に研究を行いました。

インタビューを重ねてわかったことは、**世間的に美人と言われているかどうかよりも、「自分自身で自分の外見を自己受容できていること」が、大切**だということです。

他人から「可愛いね」「キレイだね」とほめられることが多くても、「もっと鼻が高ければいいのに」「目がぱっちりしていたらいいのに」「頬骨の高さが嫌い」といった具合に、自分で認められなければ、不平不満はなくなりません。

一方「自分の顔、私はけっこう気に入ってる」「愛嬌があって、好き」そんな風に思えていると、他人の評価にはあまりふりまわされないのです。


自分の外見にダメ出しをするのではなく、自分で自分の顔を受け入れていること。

自分に対してやさしいまなざしを向けられるかどうかが、幸せのカギの1つです。

だから、あなたのお顔の美しさに目を向けてみて欲しいのです。
自分らしい美しさの磨き方も、ライフスタイリングの基本ルールは一緒。まず自分の美しさが「ある」ことにフォーカスすることから始まります♡
それができれば、あとはすでに「ある」美しさに磨きをかけていくだけ。

B（美しさ：Beauty）のポイントは、美しくなるために努力をしましょう、ということではありません。

まずは握りしめていたコンプレックスを手放すこと。

そして、自分らしい美しさに気付き、それを受け入れること。

「**美しさに気付く**」そのまなざしを育てることが、何より大切です♡

言葉が世界を創るから「積極的に美しい言葉」を

美しさの話で、もう1つお伝えしたいことがあります。それは、「**美しい言葉を使う**」ことがいかに重要かということ。

わたしには現在小学校1年生の娘がいます。かなり子どもの自主性に任せた子育てをしていて、叱ることはほとんどありませんが、美しくない（とわたしが感じる）言葉を使ったときは例外です。

美しくない言葉というのは、「相手を傷つけようとして発する言葉」です。相手を傷つけエネルギーを奪うような言葉を発したときは、厳しく言い聞かせるようにしています。

我が家の合言葉の1つは「**言葉が世界を創る**」。

言葉というのはとてもパワフルです。

たとえばレストランに行って、「ハンバーグをください」と注文すればカレーがでてくることはありません。
たとえば鏡の中の自分自身に「かわいいね」と毎日声をかけていれば、頭の中では自分自身のかわいいところを自然と探し始めます。
たとえば思ってもいないことでも言葉にしてしまえば、相手はそれをあなたの考えだと受け取ります。

意識的にせよ、無意識にせよ、日々口にしている言葉が現象化します。

娘にもこんな話をしたことがあります。

「かわいくなるためには、かわいいことを考えるといいんだよ♡　だって、言葉が世界を創るでしょ？　言葉を話す前に、頭で考えるよね。だから、かわいいことを考えるとかわいい言葉になって、それを自分の耳で聞けば聞くほどかわいくなれるんだよ」

脳はその仕組み上、主語を判別できないと言われています。他人に向けて発している言葉も自分事に捉えてしまう。つまり、他人を責めたりなじったりすると、その言葉を自分に向けて発しているのと一緒。

逆もしかりです。相手をほめたり、良いところにフォーカスしたりすれば、そのほめ言葉を自分事として受け取ることができます。

外見のコンプレックスなど、わたしたちは他人の言葉に反応してきました。他人の言葉はコントロールできません。けれど、これから**どんな言葉を使うかは自分で決めることができます**よね？

だから意識的に、「ほめ言葉」を繰り返し口にしてほしいのです。

人をほめるのもいいけれど、まずは鏡の中の自分をほめるところから。

自分にやさしい言葉をかけられる人は、相手にもやさしくできる。

美しい言葉とは、言葉をかける相手のエネルギーを上げる言葉です。そして、その言葉を聞いている自分のエネルギーも上げてくれます。

ひとりぼっちで叶う夢なんて1つもない

ＡＢＣの法則、最後の１つＣ（Cheer：応援）は、改めて説明する必要もないかもしれませんが、とても大切なポイントです。

これまでお話してきたことを実践すると、夢に向かって夢中で行動している美しい人になることができる。そんなあなたは、自然とより応援される人に成長するのです♡

応援されたいなら、先に応援しましょう。と言われることもあります。もちろん誰かを応援することも大切です。

でも実はそれよりももっと大切なポイントが、「**あなた自身が夢中で行動している**」こと。

応援してくれる人が現れたら、その応援を受け取りましょう。

応援してほしいなら、

「力を貸してください！」

そう思い切って言葉にしてみましょう。

あなたが夢を口にすればするほど、行動すればするほどに応援の輪が広がることを実感できるはずです。

「迷惑をかけてもいい」と思える自分になる

そうそう、ここで多くの人が思いがちなのは、「せっかく応援してもらったのに、うまくいかなかったら恥ずかしい」であるとか、「がっかりさせたくない」「迷惑をかけたくない」ということなのですが……、あなたはいかがですか？

わたしたちは、ほとんどの人が小さなころから、「人に迷惑をかけてはいけません」と育てられてきました。

もちろん故意に迷惑をかけるのは良くないことです。けれど、わたしたちはそれぞれ違う人間です。異なる価値観を持っています。だから同じことをしても、「迷惑だな」と感じる人もいれば、「全然気にならないよ」という人もいます。

わたしは結果として「**迷惑をかけてもいい**」と思っています。

そして、実際に迷惑をかけながらここまでやってきました。

夢を叶えていこうと思ったら、今までやっていないことに挑戦する必要があります。やったことがないから、初めてだから、失敗だってしてします。その結果、迷惑をかけてしまうかもしれません。

でもそれが「ダメ」だとしたら、わたしたちは何も行動できないと思いませんか？

わたしは自分がリーダーを務める場所ではいつも「**もめたらいいよ**」とお伝えしています。

失敗したっていいし、迷惑をかけたっていい。それは言い換えれば、失敗されたっていいし、迷惑をかけられたっていいということです。

もちろん、迷惑をかけっぱなしでよいわけではありません。同じ過ちを繰り返さぬよう反省することや改善は大事です。

けれど、人に迷惑をかけないように遠慮しながら、顔色を見ながら我慢して生きていく世界よりも、みんなが自分の人生に夢中で、ときに迷惑かけたりかけられたり、もめたりしながら向き合って、面倒なことを乗り越えた先に絆が生まれる。

そんな世界のほうが「やさしい」と思うのです。

少なくとも、わたしはそんな世界を創りたい。

だから、あえて言います。

迷惑かけたって、良い♡

やさしいままでも絶対に夢は叶うから大丈夫

この章の最後に、わたしの夢の話をさせてください。


わたしの夢は、「やさしい世界を創ること」です。

そして、その世界を最大限に広げていくために、「出逢った女性の夢中をひらくこと」。

これが、わたしが人生をかけてやっていきたいことです。


実際に、わたしの運営するコミュニティは、女性限定で運営をしています。

多様性が当たり前のこの時代に、「女性」にこだわる理由を聞かれることがあります。男性はどうなの？　と思う方もいるかもしれません。


もちろん男性も大事です。

けれど男性が生き生きと活躍する世界にするためにも、女性が自立すること。男性に頼らずとも自分で自分を幸せにできることが、とても重要だと思うのです。

どれだけ男女が平等であっても、やはり男性と女性は違います。たとえば子どもを産むのは、今のところ女性にしかできません。だからそんな、女性がお互いに自己開示できる安心安全な環境の中で、みんなと共に変化変容していく。そんなコミュニティを創りたいと思っています。

たとえば、子どもを持ちたくとも持てない人もいますが、一方で、子どもを持つこと、もう1人産むことをためらう女性も多くいます。「母親なんだから」と自分のことを後回しにする人も。

けれど、わたしの周りには子育てをしながら自分の夢だってあきらめていない女性がたくさんいます。

あきらめなければ「できる工夫や方法」はいくらでもある。

それを知るだけでも、選択の幅は広がります。

会社員時代に創ったコミュニティでも「こんな生き方もあるんだ！」とメンバーから影響

を受け、生き方をシフトした方がいました。

現在わたしが主宰する手帳のGAKKOコミュニティでは、

「起業するにはどうしたらいいの?」

「個展を開いてみたい!」

「地域の人が集まるNPOを作りたい!」

そんな夢を持った人たちが、実際にすでに夢を叶えた先輩たちから未来を迎えにいく方法を教えてもらう機会があります。

ひとりぼっちでは叶えられないことも、応援されたらずっと叶えやすくなる。

コミュニティの力で、夢を叶えることが「やさしい」世界を創っていきたいのです。

子どもが欲しい、キャリアをあきらめたくない、起業したい、もう一度学びたい、やりたいことを見つけたい。

あなたがそう願うなら、それらは全てあきらめる必要はありません。

やりたいことは、全部やってみたらいい。

夢を叶えるためには、困難を乗り越えなくてはいけない。
ドリームキラーが登場して、心をくじかれるような言葉を投げかけられる。

そんな世界、もう変えたいのです。
夢を語れば応援してくれる仲間がいて、誰も否定しない。それぞれが自分の人生に夢中になれる。

やさしい人が、やさしいままで夢を叶えていける世界。

わたしはそんな世界を仲間と一緒に本気で創っています。
もしも、あなたの周りに今、仲間がいなかったとしたら、会いに来てください。
この本を手に取りここまで読み進めていただいたあなたは、もうすでにわたしたちの「仲

間」ですから♡

第6章

Wrap-up

- まとめ -

♡ 自分らしさを発揮して、成長できる環境にいるときに、夢中がひらく。

♡ 大人の夢は探すものではなくて、思い出すもの。

♡ 夢とは、「まだ手に入っていないけれど、今欲しいと思っているモノ」。おおげさに考えず、カジュアルに叶えてみよう♡

♡ 夢を加速させる「ABC の法則」を使えば、1 人では叶えられない未来を迎えにいける。

♡ 本当は自分のことが大好きだと、思い出そう♡

♡ 言葉が世界を創る。やさしい言葉を使えば、世界はもっとやさしくなる。

おわりに

これは、二度目の人生

「……わかんない」

2013年、元旦。
手帳を開いたまま、わたしは思わず呟きました。
そばには、すやすやと寝息を立てる息子。
もうすぐ3カ月を迎える、初めてのわが子。
小さく、あたたかく、柔らかく、間違いなく愛おしい存在。

そっと髪をなでて、しばらく眺めてから、ため息をついて、ペンを置きました。

大学卒業後、地元企業に就職し、28歳で結婚、30歳で第1子を出産。

実家から、歩いて5分の距離に構えた新居。

真面目で優しい夫がいて、近くでサポートをしてくれる実家の両親がいて、何不自由ない生活。

それが、当時のわたしでした。


書きかけのページをぼんやりともう一度眺めると、そこには申し訳程度に書き出した、「これからやりたいことリスト」がありました。

「ベビーマッサージを習う」

「家族で温泉にいく」

「親子ヨガに申し込む」


小学生のころから手帳を持ち歩き、日記を書き続けていたわたしは、とにかく書くことが大好き。誕生日、お正月、ことあるごとに「これからやりたいことリスト」を書き出すのが、恒例イベントでした。

とくに大学時代以降は、誕生日のたびに10年後を描き、自分の未来にワクワクしたものです。

これまでなら考えることもなく、スラスラと何十個も書き出せていた「夢リスト」なのに、捻りだすようにしか、やりたいことが出てこない。

しかも、出てきたのは、夫や息子と「一緒に」叶えたいことばかり。

「自分」がやりたいことが、1つも出てこなかったという衝撃。

もちろん、それがいけないわけじゃありません。

家族で叶える夢があってもいい。

でも、自分のやりたいことが何1つ思い浮かばないなんて。

……ちょっと待って、何かおかしい。

焦ったわたしは手帳に向きなおり、今度は表を書き始めました。

未来へと時間軸をぐんと引っ張り、そこに家族の年齢や、ライフイベントを書き込んでいきます。

子どもは、2人欲しいよね。
今30歳だから、2年後くらいに次の出産ができたらベストだなぁ。
そのあとは子どもが小学生になって、中学生になって……。
うんうん、なかなか順調に、未来の家族の姿を描いていきます。
子どもが大きくなって、このあたりで結婚して、孫が生まれて……。
表の中で年齢を重ね、わたしは100歳になりました。
そして、ピンピンコロリで、元気にこの世を去ったのです。
「……あ、死んじゃった」
なぜか、思わず笑っていました。

紙の上で人生を終えたわたし。平凡だけれど、幸せな人生でした。


そして、わたしは気付いてしまったのです。

確かに、この先の延長線上には、「この未来」があること。

これまでは無数の可能性にあふれていたように感じていた自分の未来が、遠くまで見通せる一本道になってしまった。そう感じたのです。


そして湧き上がってきたのは、「こんなはずじゃない」という思い。

確かに幸せなのに、全然幸せじゃない。幸せになりたくて、手に入れてきたもののひとつひとつはどれも大切なものなのに……。


次第に涙があふれ、止まらなくなりました。


それは、「**幸福の顔をした絶望**」でした。

欲しがって手に入れてきたはずのもの。

大切にしたいと心から思える存在。

なぜ、それじゃ足りないの？

自分に問いかけても答えは出ませんでした。

そんなわたしが次にしたのは、「わが子にどんな大人になってほしいか」を考えることでした。自分のことはひとまず忘れて、子どものことを考えよう。ふと、そう思ったのです。気持ちを切り替えて、もう一度手帳に向かいます。

「賢い子どもになってほしいな」
「これからはやっぱり英語はできたほうがいいかな」

いろいろなことが浮かびましたが、子育ての方針はできるだけシンプルな方がいい。最終的に絞り込んだのは、次の２つでした。

①　とにかくモテる、周りから愛される人になってほしい。

② 環境に流されるのではなく、自ら環境を変えていけるような強さを持ってほしい。

そしてその瞬間、わたしはやっと気が付いたのです。
そうだ、息子にそうなって欲しいと願うなら、まずは自分がそうならなくては！

まるで、魔法が解けたような感覚でした。そして、思い出したのです。

「……わたし35歳になったとき、自分の名前で仕事がしたいって思っていたんだ」

これがわたしの、起業を決めた原点と言える出来事です。
その後32歳で起業したわたし。
あっという間に9年目、「よくそんなに大量の行動できますね」と言われることも多々あります（なにせ行動おばけですから）。

それはそうです。
だってわたし、一度人生を紙の上で生き切ったのだから。

言ってみればこれは、2回目の人生。

もう、悔いは残したくない。


思う存分自分らしく生きて、自分の人生を夢中で楽しみたい。

自分のことを一番大切にしてあげたい。


これがわたしの活動の源にある、正直な想いです。


最後まで、わたしのお話を聞いていただき、ありがとうございました。

この本に出逢ってくださってありがとうございます。

あなたの人生はあなたが決めることができます。

あなたという人にどんな生き方が似合うのか、それをあなたは自分で選び取ることができる。それを忘れないでください。

一度きりの人生を、なんとなく生きるか、夢中をひらいて生ききるか。

自分の選択で、人生は大きく変わります。


だから、**いつだってあなた自身の心に従って生きてください**。


「命は心と共にあるんだよ」

先日小学校5年生の息子が、晩御飯を食べながら言いました。

「人生の醍醐味とはなんだろう？」そう自分で考えたのだと話してくれました。

あのとき、まだ3カ月だった息子です。


あれからもうすぐ10年。わたしは息子にとって、決して完璧な「良いママ」ではなかったと思います。ただただ夢中で駆け抜けた日々。

けれど、あきらめず真正面から自分の人生と向き合ってきました。誰のせいにもしない。したいことをする。もしかしたらそれを彼なりに受け止めてくれたのかもしれません。

彼いわく、人生の醍醐味とは心を使って感じること。
嬉しいことも、悲しいことも、心が動くことにこそ、価値があるんだよ。

その通りだと思います。
うまくいくとか、うまくいかないとかそんなことよりも、大事なこと。
それは自分の心の声を聴いて、心を動かして生きていくことです。

あなたはあなた自身を、世界で一番大切にしてあげてください。
そうすれば、きっと「世界で一番自分が好き」だと自信を持って言えるはずです。
この本が、あなたの夢中をひらくきっかけになりますように。
いつかあなたにお会いできることを、心待ちにしています♡

おわりに。

本を書くことは、わたしの夢でした。

出版すると決めてから、実に2年以上の年月がかかりました。

その間、根気強くいつも明るく前向きに支えてくださったUTSUWA出版プロデューサーの生川健一さん、編集担当として細やかにサポートいただいた遠藤美紀さんには本当に感謝しています。

また、出版応援アンバサダーの皆様が、初出版という紆余曲折の道のりを支えてくださいました。見守っていてくれる方々がいることの幸せを、何度も何度も味わいました。たくさんのご意見やアドバイス、ありがとうございました！

他にも、コミュニティメンバー、クライアントの皆様、いつも支えてくれているスタッフ、全ての方のお名前をあげることは叶いませんが、これまでの道のりで出逢った方々のおかげで夢を叶えることができました。

それから、わたしの大切な家族にも伝えたいことがあります。

両親へ。２人がいなければ、ここまで仕事を続けることはできませんでした。子どもたちにも、わたしにも、たくさんの愛を注いでくれてありがとう。

そして、子どもたちへ。「普通じゃない」ママを選んで生まれてきてくれて、ありがとう。君たちのおかげで、ママは毎日幸せです♡

そして最後に、「わたし」へ。

誰も知らないあなたの全てをずっと見てきました。

どんなときも、世界をやさしくする選択をしようとするあなたのことが、世界で一番大好きです。

この本に出逢ってくださった方が、もっと自分のことを正々堂々と好きになれますように。

菱田紗絵子

Thanks

【菱田紗絵子出版応援プロジェクト】
アンバサダーのみなさま

山本 真里
松田 すみこ
東本 希
たま
三浦 恵
Miho Kokumai
あさちゃん
柴田 麻未
山口 育恵
志帆
中川 にな
井上 ゆき
岡 ゆみ
岡 由希子
大泉 未沙
大西 雅
石井 真美
佐藤 里美
川西 雅美
内田 美加子
山下 美波
なおなお
いくた はるな
山内 出穂
岡村 千里
Keisen♡
渡部 友子
高本 ひろみ
小田 あゆみ
大八木 陽子
山品 真利
向原 直美
and more…

（敬称略・順不同）

Special Thanks
- スペシャル サンクス -

山田 響子
定平 真実
松﨑 久美子
山辺 弓佳

（敬称略・順不同）

Profile

- プロフィール -

菱田 紗絵子

saeko hishida

一般社団法人日本ライフスタイリング協会代表理事

1982 年、岡山生まれ。聖心女子大学卒。
出産後、「ママ」という役割以外の夢が描けなくなり、「子どものためにもまず自分の夢を叶えよう」と決意し、32 歳で起業。
老舗百貨店 10 年勤務の中で、イベント企画・広報をしていた経験を活かし、「手帳の GAKKO」ほかコミュニティ運営を開始。
有料会員は 500 名を超え、セミナーと講演会を通じて 1 万人以上の女性に人生が変わるきっかけを提供。夢中で行動する中で気がつくと 2 つの法人代表となり、その活動の様子は TV や新聞でも取り上げられるようになる。
3000 人以上の女性と対面で関わる中で「ママになって夢を忘れている人が多い」ということに気がつき、現在は夢を叶える「きっかけ」をつかむ『ライフスタイリング Lesson』、夢を叶える力を磨く『RAYS 美人塾』を主宰。
受講生からは、「会社員を卒業して起業し、サロンオーナーになれました！」「夢だった結婚、出産を叶えました！」「夫との人間関係が激変！」などの喜びの声が多数届く。
「夢中をひらく」「優しい人が・優しいままで・豊かになる世界を創る」をテーマに、ブログ、メルマガを毎日配信中。著者としても活動の幅を広げている。

- 公式HP -
https://rays-community.co.jp/

- Instagram -
https://www.instagram.com/saeko.hishida/

ライフスタイリング
理想の未来を迎えにいく魔法

発行日　2023年12月24日 初版第一刷発行

著　者　菱田 紗絵子

制　作　UTSUWA出版
〒906-0013 沖縄県宮古島市平良字下里 1353-10
HP：https://utsuwashuppan.net/

発　行　合同会社 Pocket island
〒914-0058 福井県敦賀市三島町 1 丁目 7 番地 30 号
mail：info@pocketisland.jp

発　売　星雲社（共同出版社・流通責任出版社）
〒112-0005 東京都文京区水道 1-3-30
電話：03-3868-3275

印刷・製本　株式会社 シナノ

落丁本、乱丁本は送料負担でお取り替えいたします。
ISBN 978-4-434-33243-2　C0011

Present

『ライフスタイリング　理想の未来を迎えにいく魔法』

読者限定無料プレゼント

本書をお買い上げ下さりありがとうございます。
本書の内容をより深く理解していただくために
5つの読者プレゼントをご用意しました♡

特典1 動画セミナー「夢中をひらく SET UP 3DAYS」

「過去を振り返る」「未来につながる」「今、扉をひらく」ライフスタイリングメソッドをベースに構成された動画セミナー。2022年、3日間でのべ300名以上が受講し大反響だったセミナーをお届けします。

特典2 「空間のスタイリング」21日間シート

記憶に頼らず記録したからわかることがあります。
要らないものを手放し、感情を記録することで、
ムダな浪費がみるみる減るはずです♡

特典3 「時間のスタイリング」理想の時間割シート

あなたにとって妥協のない、理想の生活とはどんなものでしょうか？
実際にイメージするだけでなく、紙の上に見える化することで「リアルな感情」を味わうことが出来ます。目に見えるところに貼っておくのもおすすめです。

特典4 実録！「夢リスト」500

「夢とかやりたいこととか、なかなか自分では思いつかない・・・」というあなたに。実際に大人になった女性たちがどんな夢を描いているのか、リスト化しました。眺めてみると意外な夢を「思い出す」かもしれません。

特典5 「人生を変える！」おすすめ書籍 TOP10

小さい頃から本が大好き♡菱田紗絵子おすすめ書籍を超厳選してご紹介します。人生のターニングポイントで出逢った本、3冊は常備し繰り返し読んでいる本、折に触れて人に紹介する本など、ぜひ読んでいただきたい本を集めました。

公式 LINE 登録で「5大特典」を無料で入手できます。
プレゼントを受け取るには合言葉「夢中」とお送りください♪

LINE